© Autonomia Literária, para a presente edição.
© Copyright © 1997 by Michael Parenti.

Originally published in the US by City Lights Books.

Coordenação Editorial
Cauê Seigner Ameni
Hugo Albuquerque
Manuela Beloni

Tradução: Red Yorkie
Revisão: Carolina Mercês
Diagramação: Manuela Beloni
Capa: Rodrigo Corrêa

**Dados Internacionais de Catalogação na Publicação (CIP)
(eDOC BRASIL, Belo Horizonte/MG)**

P228c Parenti, Michael, 1933-.
Os camisas negras e a esquerda radical: fascismo racional e a derrubada do comunismo / Michael Parenti; prefácio Jones Manoel; tradutor Red Yorkie. – São Paulo, SP: Autonomia Literária, 2022.
224 p. : 14 x 21 cm

Título original: Blackshirts and Reds: Rational Fascism and the...
ISBN 978-65-87233-88-8

1. Comunismo. 2. Fascismo. 3. Capitalismo. 4. Revoluções. I. Manoel, Jones. II. Yorkie, Red. III. Título.

CDD 335.43

Elaborado por Maurício Amormino Júnior – CRB6/2422

Autonomia Literária
Rua Conselheiro Ramalho, 945 CEP: 01325-001São Paulo - SP
autonomialiteraria.com.br

Michael Parenti

OS CAMISAS NEGRAS E A ESQUERDA RADICAL

O FASCISMO RACIONAL E A DERRUBADA DO COMUNISMO

Traduzido por Red Yorkie

Autonomia Literária
2022

Sumário

Nota do tradutor 7

Apresentação à edição brasileira
por Jones Manoel 11

Agradecimentos 15

Prefácio 19

1. Fascismo racional 23

2. Chegou a hora de elogiar a revolução 51

3. Anticomunismo de esquerda 73

4. O comunismo no país
das maravilhas 95

5. Os dedos de Stálin 115

6. O paraíso do livre mercado
chega ao Leste Europeu (I) 129

7. O paraíso do livre mercado chega ao Leste Europeu (II) 151

8. O fim do marxismo? 169

9. Tudo, menos classe: é preciso evitar a palavra que começa com "c" 193

Sobre o autor 219

NOTA DO TRADUTOR

Este ano, comemoram-se os 25 anos da publicação de *Blackshirts & Reds*, de Michael Parenti. Uma obra que permanece atual, neste início da segunda década do século XXI, quando, tanto nos países centrais do capitalismo quanto em seu entorno imediato e na periferia do sistema, mais e mais governos de extrema direita – quando não abertamente fascistas – são alçados ao poder, seja pela via eleitoral (como é o caso da recentíssima vitória na Itália de um partido dirigido por uma admiradora aberta de Mussolini), seja por meio de golpes de Estado (como foi o caso brasileiro, onde a "eleição" de 2018 não passou de um desdobramento do Golpe de 2016).

O livro de Parenti é uma aula magistral sobre a relação íntima entre o fascismo e o grande capital e sobre como e por quê, nas experiências do socialismo real, a despeito de suas eventuais contradições e problemas, não havia lugar para o fascismo fincar raízes. Basta observarmos o que houve no Leste Europeu e nas antigas repúblicas da União Soviética após a interrupção das experiências socialistas, a partir do final da década de 1980: junto com a chegada avassaladora do livre mercado – que promoveu o esgarçamento da tessitura social de países inteiros, coletividades construídas ao longo de décadas e a duras penas por várias gerações de homens e mulheres –, o fascismo ressurgiu a todo vapor nesse espaço geográfico. E isso só pôde acontecer a partir do momento em que a única força capaz de se opor concretamente a ele – o socialismo real – foi tirada do poder e passou a ser cada vez mais perseguida. Em outras palavras, no socialismo real, fascista não se criava (e não se cria)!

* * *

Comecei a traduzir *Os camisas negras e a esquerda radical* em setembro de 2020. Resolvi fazer isso por conta própria, porque acreditava se tratar de um livro muito importante para que ficasse restrito apenas a um público que soubesse ler em inglês. Em janeiro de 2022, a Autonomia Literária anunciou a intenção de lançar a obra. Tão logo soube disso, entrei em contato com o Cauê Ameni, um dos editores da Autonomia, e me ofereci para realizar a tarefa, explicando que já havia traduzido mais da metade do livro. Após algumas idas e vindas, acabamos combinando que entregaria a tradução dentro de seis meses.

Entre janeiro e o final de abril, quando enviei a versão final da tradução para a editora, troquei mensagens com Cauê sobre algumas das escolhas que fiz na hora de traduzir determinados termos e expressões. A principal decisão terminológica envolveu a tradução da palavra *Reds*. Ao longo do livro, Parenti utiliza uma variedade de expressões para designar os diversos tipos de esquerda: *the Left* ("a esquerda"), *the revolutionary Left* ("a esquerda revolucionária"), *the democratic Left* ("a esquerda democrática") e *the democratic parliamentary Left* ("a esquerda democrática parlamentar"). *Reds* definitivamente pertencia a esse grupo. Assim, pareceu-me mais apropriado – e em sintonia com a terminologia utilizada para se referir aos vários tipos de esquerda –, adotar a expressão "esquerda radical" para essa palavra. Poderia ter usado "vermelhos", mas essa escolha, além de me soar um pouco artificial, não teria a mesma expressividade que "esquerda radical". Assim, em vez de *Os camisas negras e os vermelhos*, o título do livro acabou ficando *Os camisas negras e a esquerda radical*.

O lançamento deste livro pela Autonomia Literária não poderia vir em momento mais oportuno, haja vista a atual conjuntura brasileira e internacional. Incrivelmente, esta é apenas da segunda[1] obra de Michael Parenti traduzida para o português. Quem sabe, a partir de agora, não aconteça com Michael Parenti o mesmo fenômeno experimentado por Domenico Losurdo no nosso mercado editorial, e mais e mais obras daquele autor – quiçá o maior marxista estadunidense vivo – sejam traduzidas e trazidas ao público brasileiro. Espero que este livro proporcione aos leitores e leitoras o mesmo prazer que tive ao traduzi-lo. Uma boa leitura!

Em tempo: a responsabilidade por eventuais erros de tradução, claro, é exclusivamente minha.

Por fim, gostaria de dedicar esta tradução a D.: que esta pequena contribuição ajude na construção do seu futuro.

São Paulo, 6 de outubro de 2022
O Tradutor

---

[1] A outra é *O assassinato de Júlio César*, publicada pela Editora Record.

APRESENTAÇÃO À EDIÇÃO BRASILEIRA

por Jones Manoel

O Brasil vive um divisor de águas na sua história. Enquanto escrevo as linhas desse prefácio, estamos no segundo turno de uma eleição presidencial, com Luis Inácio Lula da Silva de um lado e Jair Bolsonaro do outro. O atual presidente da república é uma figura fascista liderando uma contrarrevolução preventiva que, caso não seja derrotada – nas urnas, no imediato, e politicamente no médio e longo prazo –, vai provocar um nível de regressão civilizacional só comparável com a tragédia da Rússia após a derrubada da União Soviética.

O resultado das urnas não iria limpar o Brasil do fascismo. Embora fundamental nos rumos do país, o processo eleitoral vai nos dizer se o fascismo nacional sairá mais forte ou mais fraco institucionalmente, mas, em todo caso, estaremos lutando nos próximos anos contra forças político-sociais fascistas. Nesse sentido, o antifascismo não pode ser um mero *slogan* ou tática eleitoral. O antifascismo deve ser parte orgânica de qualquer estratégia política realmente popular com vistas ao fortalecimento de projetos de esquerda ou socialistas. Essa conclusão levanta a seguinte pergunta: o que é antifascismo e qual antifascismo defendemos?

Este livro que você tem em mãos ajuda nessa resposta. Antes de tudo, Michael Parenti não pensa o fascismo como um ajuntamento de sentimentos, posturas e pautas irracionais nutridas por mera ignorância ou pela força da religião – leitura bem comum em vários segmentos da esquerda brasileira sobre o que

11

é o bolsonarismo. Já no primeiro capítulo do livro, "Fascismo Racional", o autor faz um debate materialista e concreto sobre o que significa o fascismo na história do capitalismo e da luta de classes.

O fascismo traz consigo, sem dúvidas, vários elementos de irracionalismo e misticismo, contudo, em visão panorâmica e estratégica, a emergência desses movimentos de extrema-direita atende a interesses bem concretos, racionais e objetivos. É fundamental ter essa compreensão para pensarmos como o bolsonarismo tomou forma e como pode ser destruído.

Do segundo ao quinto capítulo do livro, o autor nos ajuda a pensar qual antifascismo pode ter a força necessária para derrotar fenômenos como o bolsonarismo. É comum, frente à extrema-direita, apelar para frentes amplas liberais, centristas, e discursos moderados. O autor facilita a compreensão dos limites da perspectiva liberal de enfrentamento ao fascismo e mostra que a negação da besta fascista não é a democracia liberal burguesa, mas sim o poder popular.

Parenti tem coragem para colocar em reflexão o anticomunismo de esquerda, mostrando como, em vários momentos e em nome de uma falsa criticidade e por um "socialismo democrático", diversos setores da esquerda atuaram como linha auxiliar do imperialismo, ajudando as forças reacionárias e de extrema-direita a se fortaleceram. No Brasil, dada a tradição política que lidera a esquerda nacional nos últimos 30 anos, o anticomunismo de esquerda é amplo, e um impeditivo a um confronto ideológico vitorioso contra os discursos delirantes do bolsonarismo e do campo liberal – como a comparação de Hugo Chávez com Bolsonaro, aceita por largos setores da esquerda nacional.

Nos demais capítulos do livro, o autor ajuda a compreender como a contrarrevolução neoliberal e neocolonial que varreu o mundo nos últimos anos – como na antiga União Soviética e no Leste Europeu – tem íntima relação com o fortalecimento da extrema-direita e do fascismo. O neofascismo do século XXI pode ser pensado, dentre outras coisas, como uma radicalização da política burguesa sem um contraponto proletário e radical. No Brasil, por exemplo, o bolsonarismo foi extremamente útil para avançar pautas ultraliberais de destruição de direitos históricos e da soberania nacional – como a "autonomia" do Banco Central e a destruição sistemática da Petrobras. Sem nenhum medo do avanço da classe trabalhadora, a classe dominante do país pôde abraçar um sujeito desprezível como Paulo Guedes sem precisar temer uma revolta popular generalizada.

Caminhando para concluir essas linhas, chamo atenção para o fato de que esse é um livro muito erudito, qualificado e rico. Seria impossível resumir toda a qualidade da obra que você tem em mãos. É um livro que fala muito sobre o Brasil de hoje e nossos desafios, e que pode e deve ser encarado como uma arma na construção do futuro.

Para terminar de verdade, quero deixar uma palavra sobre o autor. Considero Michael Parenti um dos mais geniais pensadores da história do marxismo e o maior representante vivo do pensamento crítico estadunidense. Parenti, infelizmente, é pouco conhecido no Brasil. Mas isso começa a mudar. Várias editoras, acadêmicos e militantes começaram a descobrir a criatividade, inovação e ousadia inscritas na obra de Parenti. O autor, embora bastante doente e debilitado, segue vivo e pode acompanhar o público brasileiro descobrindo sua obra. Leiam tudo que puderem de Michael Parenti. Garanto que não vão se arrepender.

Boa leitura!

AGRADECIMENTOS

Tenho uma dívida para com Sally Soriano, Peggy Noton, Jane Scantlebury e Richard Plevin por seu apoio valioso e suas críticas construtivas ao manuscrito. Em inúmeras ocasiões, Jane também utilizou suas habilidades de bibliotecária profissional para rastrear muitas informações importantes a meu pedido. Meus agradecimentos também vão para Stephanie Welch, Neala Hazé e Kathryn Cahill pela valiosa ajuda.

Mais uma vez, gostaria de expressar minha gratidão a Nancy J. Peters, minha editora na City Lights Books, por seu apoio e sua leitura crítica do texto final. Um agradecimento tardio é devido a meu *publisher*, o poeta e artista Lawrence Ferlinghetti, por me convidar para me tornar um autor da City Lights há alguns anos. Finalmente, uma palavra de gratidão para Stacey Lewis, além de outras pessoas, muito numerosas para que possa mencioná-las aqui, que participaram da produção e distribuição deste livro: são elas que fazem o trabalho pesado.

À esquerda radical e a todos aqueles, muitos deles heróis anônimos, que resistiram aos Camisas Negras do passado e que continuam lutando hoje em dia contra os implacáveis representantes dos interesses do capital.

E à memória de Sean Gervasi e Max Gundy, amigos preciosos e defensores da justiça social.

Per chi conosce solo il tuo colore, bandiera rossa,
tu devi realmente esistere, perchè lui esista...
tu che già vanti tante glorie borghesi e operaie,
ridiventa straccio, e il più povero ti sventoli.

Para aquele que conhece apenas a sua cor, bandeira vermelha,
você realmente precisa existir, para que ele possa existir...
você, que já alcançou muitas glórias burguesas e proletárias,
torna-se um trapo novamente, e é brandida pelos miseráveis.

Pier Paolo Pasolini

PREFÁCIO

Este livro convida as pessoas imersas na ortodoxia predominante do "capitalismo democrático" a avaliar pontos de vista iconoclastas, a questionar os clichês da mitologia do livre mercado, a persistência do anticomunismo de direita e de esquerda e a reconsiderar – com a cabeça aberta, mas não acriticamente – os esforços históricos da tão difamada esquerda radical e de outros revolucionários.

A ortodoxia política que demoniza o comunismo permeia todo o espectro político. Até mesmo pessoas na esquerda internalizaram a ideologia conservadora/liberal que equipara o fascismo ao comunismo, como gêmeos do mal igualmente totalitários, dois importantes movimentos de massa do século xx. Este livro tenta mostrar as enormes diferenças entre o fascismo e o comunismo, tanto no passado quanto no presente, na teoria e na prática, especialmente no que diz respeito a questões envolvendo igualdade social, acumulação privada de capital e interesses de classe.

A mitologia ortodoxa também nos leva a crer que as democracias ocidentais (com os Estados Unidos à frente) se opuseram a ambos os sistemas totalitários com igual vigor. Na verdade, as lideranças estadunidenses têm se empenhado, antes de mais nada, em tornar o mundo seguro para investimentos corporativos globais e para o sistema de lucros privados. Em sintonia com essa meta, eles usaram o fascismo para proteger o capitalismo, enquanto alegavam salvar a democracia do comunismo.

Nas páginas a seguir, discuto como o capitalismo se difunde e lucra com o fascismo, o valor da revolução para o progresso da condição humana, as causas e os efeitos da destruição do comunismo, a relevância continuada do marxismo e da análise de classes e a natureza implacável do poder da classe empresarial.

Há um século, na obra-prima *Os miseráveis*, Victor Hugo perguntava: "O futuro chegará?". Ele estava pensando no futuro da justiça social, livre das "sombras terríveis" da opressão imposta pelos poucos sobre a grande massa da humanidade. Recentemente, alguns autores anunciaram "o fim da história". Com a derrocada do comunismo, a luta monumental entre os sistemas alternativos havia acabado, eles diziam. A vitória do capitalismo foi completa. Nenhuma grande transformação está no horizonte. O mercado livre global veio para ficar. O que já existe é o que existirá, agora e para sempre. Desta vez, a luta de classes acabou definitivamente. Assim, a pergunta de Hugo tem sua resposta: o futuro já chegou, mas não é aquele que ele havia esperado.

Essa teoria intelectualmente anêmica do fim da história foi festejada como uma exegese brilhante e teve uma recepção generosa por comentaristas e analistas da mídia empresarial. Ela serviu perfeitamente bem à visão de mundo oficial, dizendo aquilo que os altos círculos do poder haviam nos dito há gerações: que a luta de classes não é uma realidade do dia a dia, mas uma noção ultrapassada, que um capitalismo sem entraves chegou de vez para ficar, agora e para sempre, que o futuro pertence àqueles que controlam o presente.

Mas a pergunta que realmente deveríamos fazer é: temos mesmo um futuro? Mais do que nunca, com o próprio planeta em jogo, torna-se necessário impor um choque de realidade naqueles que saqueariam nossos recursos ecológicos limitados em busca de lucros infinitos, aqueles que dissipariam nossos direitos de nascença e extinguiriam nossas liberdades em sua busca intransigente pelo ganho próprio.

A história nos ensina que todas as elites dirigentes buscam se retratar como parte da ordem social duradoura e natural, mesmo aquelas que estão em grave crise, crise essa que ameaça dilapidar sua base a fim de recriar constantemente sua estrutura hierárquica de privilégio e poder. E todas as elites dirigentes são desdenhosas e intolerantes em relação a pontos de vista divergentes.

A verdade é desconfortável para aqueles que fingem servir a nossa sociedade enquanto, na verdade, servem apenas a si mesmos – à nossa custa. Espero que este esforço ajude na desconstrução da Grande Mentira. A verdade pode não nos libertar, conforme alega a Bíblia, mas é um primeiro passo muito importante nessa direção.

Michael Parenti

1. FASCISMO RACIONAL

Enquanto caminhava pelo bairro novaiorquino de Little Italy, passei por uma loja de quinquilharias que exibia pôsteres e camisetas de Benito Mussolini fazendo a saudação fascista. Quando entrei na loja e perguntei ao atendente o motivo daqueles itens estarem à venda, ele disse: "É porque algumas pessoas gostam deles. E, sabe, talvez precisemos de alguém como o Mussolini neste país". Esse comentário foi um lembrete de que o fascismo sobrevive como algo mais do que uma simples curiosidade histórica.

Pior que pôsteres ou camisetas são as obras de vários escritores empenhados em "explicar" Hitler ou "reavaliar" Franco, ou de outro modo higienizar a história fascista. Na Itália, durante a década de 1970, surgiu uma autêntica indústria caseira de livros e artigos que alegavam que Mussolini não somente havia feito os trens andarem no horário, mas também havia feito a Itália funcionar. Todas essas publicações, junto com muitos estudos acadêmicos convencionais, têm uma coisa em comum: dizem muito pouco – se é que dizem alguma coisa – sobre as políticas de classe da Itália fascista e da Alemanha nazista. Como esses regimes lidaram com serviços sociais, impostos, empresas e condições de trabalho? Para benefício de quem e à custa de quem? A maior parte da literatura sobre o fascismo e o nazismo não nos diz nada sobre isso.[2]

---

[2] Entre os milhares de títulos que lidam com o fascismo, há algumas poucas exceções que valem a pena ser lidas, que não evitam questionamentos sobre a economia política e a luta de classes, por exemplo: Gaetano Salvemini, *Under the Ax of Fascism* [Sob o machado

Plutocratas escolhem autocratas

Vamos começar examinando o fundador do fascismo. Nascido em 1883, filho de um ferreiro, Benito Mussolini teve a juventude marcada por brigas de rua, detenções, prisões e atividades políticas radicais violentas. Antes da Primeira Guerra Mundial, Mussolini foi socialista. Um agitador e organizador brilhante, além de um talentoso jornalista, ele se tornou o editor do jornal oficial do Partido Socialista. No entanto, muitos de seus camaradas suspeitavam que ele estivesse menos interessado em promover o socialismo do que em se autopromover. De fato, ele não hesitou em trocar de lado quando a burguesia italiana o seduziu com reconhecimento, apoio financeiro e a promessa de poder.

Ao fim da Primeira Guerra Mundial, Mussolini, o socialista, que havia organizado greves para trabalhadores e camponeses, havia se tornado Mussolini, o fascista, que rompeu greves em nome de financistas e proprietários de terra. Usando as enormes somas que recebeu de interesses poderosos, ele se projetou na cena nacional como o líder reconhecido das *fasci di combattimento* [ligas de combate], um movimento composto por oficiais reformados do Exército e arruaceiros diversos que usavam camisas pretas e não seguiam nenhuma doutrina política clara além de um patriotismo militarista e uma aversão conservadora a qualquer coisa associada ao socialismo e ao trabalho

---

do fascismo] (Nova York: Howard Fertig, 1969); Daniel Guérin, *Fascismo e grande capital* (Campinas: Editora da Unicamp, 2021); James Pool e Suzanne Pool, *Who Financed Hitler* [Quem financiou Hitler] (Nova York: Dial Press, 1978); Palmiro Togliatti, *Lições sobre o fascismo* (São Paulo: Ciências Humanas, 1978); Franz Neumann, *Behemoth* [Colosso] (Nova York: Oxford University Press, 1944); R. Palme Dutt, *Fascism and Social Revolution* [Fascismo e revolução social] (Nova York: International Publisher, 1935).

organizado. Conhecidos como Camisas Negras, esses fascistas viviam atacando sindicalistas, socialistas, comunistas e cooperativas de agricultores.

Após a Primeira Guerra Mundial, a Itália havia se acomodado a um padrão de democracia parlamentarista. A situação das baixas remunerações estava melhorando, e os trens já estavam andando no horário. Mas a economia capitalista atravessava uma recessão no pós-guerra. Os investimentos estagnaram, e a indústria pesada operava muito abaixo de sua capacidade. Além disso, os lucros empresariais e as exportações agrícolas encontravam-se em declínio.

Para manter o nível dos lucros, os grandes industriais e proprietários de terra teriam de cortar salários e subir preços. O Estado, por sua vez, teria de lhes oferecer enormes subsídios e isenções fiscais. A fim de financiar esse Estado de bem-estar social empresarial, a população teria de ser tributada mais pesadamente, e os gastos com serviços sociais e de bem-estar teriam de ser drasticamente reduzidos – medidas que poderiam soar familiares para nós atualmente.

Mas o governo não estava totalmente livre para seguir esse curso. Em 1921, muitos operários e camponeses italianos já haviam se sindicalizado e tinham suas próprias organizações políticas. Com manifestações, greves, boicotes, tomadas de fábricas e ocupação forçada de terras agrícolas, eles haviam conquistado o direito de se organizar, junto com concessões referentes a seus salários e condições laborais.

Para que pudessem impor a máxima austeridade a operários e camponeses, os interesses econômicos dominantes teriam de abolir os direitos democráticos que ajudaram as massas a defender seus modestos padrões de vida. A solução era esmagar seus sindicatos, suas organizações políticas e liberdades civis. Industriais e grandes latifundiários queriam à frente do timão alguém que pudesse acabar com o poder dos camponeses e dos operários organizados e impor uma ordem implacável às massas. Armado com suas gangues de Camisas Negras, Benito Mussolini parecia ser o candidato ideal para levar a cabo essa tarefa.[3]

Em 1922, representantes de associações do agronegócio e do setor bancário, além da Federação Industrial, composta pelas lideranças industriais do país, reuniram-se com Mussolini para planejar a "Marcha sobre Roma", para a qual contribuíram com 20 milhões de liras. Com o apoio adicional dos principais oficiais das Forças Armadas e dos chefes de polícia italianos, foi assim que a "revolução" fascista – na verdade, um golpe de estado – ocorreu.

No espaço de dois anos após tomar o poder, Mussolini havia fechado todos os jornais de oposição e esmagado os partidos Socialista, Liberal, Católico, Democrático e Republicano, os quais, juntos, reuniam cerca de 80% dos votos. As lideranças camponesas e operárias, delegados parlamentares e outros críticos do novo regime foram surrados, exilados ou assassinados pelo terrorismo fascista dos *squadristi* [esquadristas, isto é, membros das milícias fascistas]. Apesar de sofrer a mais severa repressão de todas, o Partido Comunista Italiano conseguiu manter uma corajosa resistência clandestina, que, mais tarde, evoluiu para a luta armada contra os Camisas Negras e a força de ocupação alemã.

---

[3] Entre janeiro e maio de 1921, "os fascistas destruíram 120 sedes de agremiações de trabalhadores, atacaram 243 centros socialistas e outros edifícios, mataram 202 trabalhadores (além dos 44 mortos pela polícia e pela gendarmaria) e feriram 1.144". Durante esse período, 2.240 trabalhadores foram presos, dos quais apenas 162 eram fascistas. No período de 1921-1922 até a tomada do poder por Mussolini, "500 escritórios de emprego de sindicatos e lojas de cooperativas foram queimados e 900 municipalidades socialistas foram dissolvidas". Cf. R. Palme Dutt, *Fascism and Social Revolution*, p. 124.

Na Alemanha, surgiu um padrão similar de cumplicidade entre fascistas e capitalistas. Os operários e camponeses alemães haviam conquistado o direito de se sindicalizar, a jornada de oito horas e o seguro-desemprego. Mas, a fim de reavivar o nível dos lucros, a indústria pesada e o grande capital queriam reduções salariais para seus trabalhadores e enormes subsídios estatais e cortes de impostos para si mesmos.

Durante a década de 1920, as *Sturmabteilung* (ou SA) nazistas, as tropas de assalto que utilizavam camisas marrons, subsidiadas por empresas, eram usadas principalmente como uma força paramilitar antitrabalhador, cuja função era aterrorizar operários e camponeses. Em 1930, a maioria dos magnatas havia chegado à conclusão de que a República de Weimar não atendia mais a suas necessidades e era muito complacente com a classe trabalhadora. Por isso, aumentaram substancialmente seus subsídios a Hitler, catapultando o Partido Nazista no cenário nacional. Os magnatas empresariais forneceram aos nazistas recursos generosos para a obtenção de frotas de carros e alto-falantes, a fim de saturar as cidades e os vilarejos da Alemanha, além de fundos para organizações partidárias, grupos de juventude e forças paramilitares nazistas. Na campanha de julho de 1932, Hitler dispunha de recursos suficientes para, somente nas duas últimas semanas, voar para cinquenta cidades.

Nessa mesma campanha, os nazistas conquistaram 37,3% dos votos, a porcentagem mais elevada recebida por eles em uma eleição democrática. Jamais a maioria da população os apoiou. Se pudermos considerar que eles contavam com algum tipo de base confiável, esta geralmente estava entre os membros mais afluentes da sociedade. Além disso, elementos da pequena burguesia e muitos membros do lumpesinato atuavam como gângsteres truculentos do partido, organizados nas tropas de assalto das SA. Apesar disso, a massa da classe trabalhadora organizada apoiou os comunistas ou sociais-democratas até o último segundo.

Nas eleições de dezembro de 1932, três candidatos concorreram à presidência: o presidente em exercício e candidato conservador, o Marechal de Campo von Hindenburg, o candidato nazista, Adolph Hitler, e o candidato do Partido Comunista, Ernst Thälmann. Em sua campanha, Thälmann argumentou que um voto em Hindenburg significava um voto em Hitler, e que Hitler levaria a Alemanha a uma guerra. A imprensa burguesa, inclusive os sociais-democratas, denunciava esse ponto de vista como sendo "inspirado por Moscou". Hindenburg foi reeleito, enquanto os nazistas perderam aproximadamente 2 milhões de votos na eleição para o Reichstag, em comparação com o pico de mais de 13,7 milhões.

Conforme o esperado, as lideranças social-democratas recusaram a proposta do Partido Comunista de formar uma coalizão de última hora contra os nazistas. Na Alemanha, como em muitos outros países, no passado e no presente, os sociais-democratas preferiram se aliar à direita reacionária do que cerrar fileiras com a esquerda radical.[4] Enquanto isso, alguns partidos de direita se uniram aos nazistas e, em janeiro de 1933, apenas algumas semanas após a eleição, Hindenburg convidou Hitler para ser o chanceler.

Após assumirem o poder, Hitler e os nazistas seguiram uma agenda político-econômica parecida com a de Mussolini. Eles esmagaram os trabalhadores organizados e erradicaram todas as eleições, partidos de oposição e publicações independentes. Centenas de milhares de opositores foram presos, torturados

---

[4] No início de 1924, autoridades sociais-democratas no Ministério do Interior usaram o *Reichswehr* [as forças armadas alemãs de 1919 a 1935] e os *Freikorps*, as tropas paramilitares fascistas, para atacar manifestantes de esquerda. Eles aprisionaram 7 mil trabalhadores e fecharam jornais do Partido Comunista. Cf. Richard Plant, *The Pink Triangle* [O triângulo rosa] (Nova York: Henry Holt, 1986), p. 47.

ou assassinados. Na Alemanha, como na Itália, os comunistas sofreram a mais dura repressão entre todos os grupos.

Aqui estavam dois povos, italianos e alemães, com diferentes histórias, culturas e idiomas, e supostamente diferentes temperamentos, que acabaram chegando às mesmas soluções repressivas em razão das inegáveis similaridades de poder econômico e luta de classes que prevaleciam em seus respectivos países. Em países tão diversos quanto a Lituânia, a Croácia, a Romênia, a Hungria e a Espanha, emergiu um padrão fascista similar, que não media esforços para salvar o grande capital das imposições da democracia.[5]

Quem os fascistas apoiaram?

Há uma vasta literatura sobre quem apoiou os nazistas, mas relativamente pouco sobre quem os nazistas apoiaram depois da chegada ao poder. Isso está em sintonia com a tendência da pesquisa acadêmica convencional de evitar totalmente o tema do capitalismo sempre que alguma coisa negativa possa ser dita a seu respeito. Quais interesses Mussolini e Hitler apoiaram?

Tanto na Itália dos anos 1920 quanto na Alemanha da década de 1930, antigos males industriais, os quais se imaginava que já tivessem ficado no passado, reemergiram à medida que as condições de trabalho se deterioravam abruptamente. Em nome da salvação da sociedade contra a Ameaça Vermelha, greves e sindicatos foram proscritos. Propriedades pertencentes a sindicatos e cooperativas agrícolas foram confiscadas e transferidas para mãos privadas. Leis sobre salário mínimo,

---

[5] Isso não quer dizer que diferenças culturais não possam levar a variações importantes. Consideremos, por exemplo, o papel horroroso que o antissemitismo desempenhou na Alemanha nazista quando comparada à Itália fascista.

pagamento de horas extras e regulamentos de segurança nas fábricas foram abolidos. A ampliação da jornada de trabalho sem aumento salarial tornou-se lugar comum. Demissões ou prisões aguardavam aqueles que reclamassem de condições de trabalho desumanas ou inseguras. Os trabalhadores labutavam por mais tempo e menos dinheiro. Os salários, que já eram baixos, sofreram cortes substanciais: na Alemanha, de 25% a 40%, e na Itália, de 50%. Além disso, o trabalho infantil foi reintroduzido na Itália.

Sem dúvida, algumas migalhas foram atiradas à população. Havia eventos esportivos e concertos gratuitos, alguns programas sociais insuficientes, uma ajuda para desempregados financiada principalmente por contribuições de trabalhadores e projetos de obras públicas chamativas, concebidos para evocar o orgulho cívico.

Tanto Mussolini quanto Hitler mostravam sua gratidão a seus patronos do grande capital ao privatizar muitas empresas estatais perfeitamente solventes, como siderúrgicas, usinas de energia elétrica, bancos e empresas de navios a vapor. Ambos os regimes utilizaram recursos substanciais do Tesouro Público para relançar ou subsidiar a indústria pesada. A agricultura baseada no agronegócio foi expandida e amplamente subvencionada. Os dois países garantiram um retorno sobre o capital investido por conglomerados gigantescos, ao mesmo tempo que assumiram a maioria dos riscos e perdas sobre os investimentos. Como muitas vezes costuma ser o caso em regimes reacionários, o capital público foi saqueado pelo capital privado.

Concomitantemente, impostos eram majorados para a população em geral, mas reduzidos ou eliminados para os ricos e o grande capital. Os impostos sobre herança dos abastados foram largamente minimizados ou simplesmente abolidos.

Qual foi o resultado de tudo isso? Na Itália, durante a década de 1930, a economia viu-se às voltas com uma recessão, uma gigantesca dívida pública e corrupção generalizada. Porém, os lucros industriais aumentavam, e as fábricas de armamentos trabalhavam a todo vapor, produzindo armas em preparação para a guerra que se aproximava. Na Alemanha, o desemprego foi cortado pela metade com a expansão considerável dos empregos na indústria bélica, mas, de modo geral, a pobreza aumentou por conta dos drásticos cortes salariais. E, de 1935 a 1943, os lucros industriais aumentaram substancialmente, ao passo que o lucro líquido das lideranças empresariais cresceu 46%. Durante os radicais anos 1930, nos Estados Unidos, no Reino Unido e na Escandinávia, os grupos de maior renda experimentaram um modesto declínio em seu quinhão na renda nacional; mas, na Alemanha, os 5% no topo da pirâmide obtiveram um ganho de 15%.[6]

Apesar desses números, a maioria dos autores prefere ignorar a colaboração próxima do fascismo com o grande capital. Alguns até mesmo argumentam que, longe de serem beneficiárias, as empresas foram vítimas do fascismo. Angelo Codevilla, um autor conservador da Instituição Hoover, afirmou casualmente: "Se o fascismo significa alguma coisa, significa propriedade governamental e controle de empresas" (*Commentary*, ago. 1994). Assim, o fascismo é falsamente apresentado como uma forma mutante do socialismo. Na verdade, se o fascismo significa alguma coisa, significa apoio absoluto do governo aos negócios e repressão pesada das forças favoráveis aos trabalhadores e contrárias às empresas.[7]

---

[6] Simon Kuznets, "Qualitative Aspects of the Economic Growth of Nations", *Economic Development and Cultural Change*, v. 5, n. 1, 1956, p. 5-94.

[7] Eugene Genovese (*New Republic*, 4 jan. 1995), um ex-esquerdista e neoconservador, prontamente chegou à conclusão de que ver o "fascismo como uma criatura do grande capital" é uma "interpretação

O fascismo é simplesmente uma força ditatorial a serviço do capitalismo? Talvez ele não se *resuma* a isso, mas, sem dúvida, essa é uma faceta importante do propósito fascista, função à qual o próprio Hitler se referia quando falava sobre salvar os grandes industriais e banqueiros do bolchevismo. Um tema que merece muito mais atenção do que recebeu.

Embora os fascistas pudessem acreditar que estavam salvando os plutocratas das garras da esquerda radical, na verdade, a esquerda revolucionária nunca foi forte o bastante para tomar o poder do Estado, nem na Itália nem na Alemanha. As forças populares, contudo, eram fortes o bastante para forçar um corte nas taxas de lucros e interferir no processo de acumulação de capital. Isso frustrava as tentativas do capitalismo de resolver suas contradições internas ao transferir cada vez mais seus custos para as costas da classe trabalhadora. Com ou sem revolução, essa resistência democrática dos trabalhadores era problemática para os interesses do capital.

---

disparatada". Genovese estava aplaudindo Eric Hobsbawm, que argumentava que a classe capitalista não era a principal força por trás do fascismo na Espanha. Vicente Navarro (*Monthly Review* jan. 1996 e abr. 1996) respondeu, observando que os "principais interesses econômicos da Espanha", auxiliados por pelo menos um magnata do petróleo do Texas e outros elementos do capital internacional, de fato financiaram a invasão fascista de Franco e o golpe contra a República Espanhola. Uma fonte crucial, Navarro escreve, foi o império financeiro de Joan March, fundador do Partido Liberal e proprietário de um jornal liberal. Considerado um modernizador e uma alternativa ao setor oligarca e reacionário do capital baseado na propriedade agrária, March cerrou fileiras com esses mesmos oligarcas tão logo percebeu que os partidos da classe trabalhadora estavam ganhando terreno e seus próprios interesses econômicos estavam sendo afetados pelo reformismo republicano.

Além de atender aos interesses capitalistas, as lideranças fascistas atendiam a seus próprios interesses, participando da pilhagem sempre que surgia uma oportunidade. Essa ganância pessoal e sua lealdade de classe eram as duas faces da mesma moeda. Mussolini e seus apaniguados levavam uma vida nababesca, convivendo com os altos círculos da aristocracia e do capital. Oficiais nazistas e comandantes das ss acumularam fortunas pessoais, saqueando os territórios conquistados e roubando detentos nos campos de concentração e outras vítimas de perseguição política. Somas enormes foram acumuladas procedentes de negócios bem conectados que pertenciam a indivíduos cuja identidade era mantida em sigilo, além da contratação de trabalho escravo dos campos de concentração por empresas industriais, como I. G. Farben e Krupp.

De modo geral, Hitler é retratado como um fanático ideológico, sem interesse em coisas materiais vulgares. Na verdade, ele acumulou uma fortuna imensa, boa parte da qual obtida por meios questionáveis. Ele expropriou obras de arte do domínio público. Roubou somas enormes dos cofres do Partido Nazista. Além disso, inventou um novo conceito – o "direito de personalidade" – que permitiu que cobrasse uma pequena taxa de cada selo postal exibindo sua imagem, iniciativa que lhe rendeu centenas de milhões de marcos.[8]

A maior fonte de riqueza de Hitler era um caixa dois para o qual os principais industriais alemães contribuíam com regularidade. Hitler "sabia que, desde que a indústria alemã estivesse lucrando, suas fontes privadas de dinheiro seriam inexauríveis. Assim, ele se certificaria de que as indústrias alemãs sob

---

[8] Já havia um selo de von Hindenburg em homenagem a sua presidência. O velho Hindenburg, que não morria de amores por Hitler, disse sarcasticamente que faria de Hitler seu ministro dos Correios, porque "assim, ele pode lamber o meu traseiro".

seu governo estariam melhores do que nunca – ao lançar, por exemplo, projetos armamentistas gigantescos",[9] ou aquilo que, atualmente, chamaríamos de gordos contratos de defesa.

Longe de ser um asceta, Hitler vivia uma vida faustuosa. Durante todo seu governo, foi favorecido por regras especiais da receita alemã que permitiam que não pagasse imposto de renda nem impostos sobre bens imóveis. Dispunha de uma frota de limusines, apartamentos privados, casas de campo, uma ampla equipe de serviçais e uma propriedade imponente nos Alpes. Seus momentos mais felizes eram passados entretendo a realeza europeia, inclusive o Duque e a Duquesa de Windsor, que estavam entre seus admiradores fervorosos.

Adolph e Benito estão de parabéns

O fascismo italiano e o nazismo alemão tinham seus admiradores na comunidade de negócios dos Estados Unidos e na grande imprensa. Banqueiros, editores e industriais, inclusive personalidades como Henry Ford, viajavam a Roma e Berlim para prestar homenagens, receber medalhas e realizar negócios lucrativos. Muitos se empenharam ao máximo para promover o esforço de guerra nazista, compartilhando segredos industriais militares e participando de negociações secretas com o governo alemão, mesmo depois da entrada dos Estados Unidos na guerra.[10] Durante a década de 1920 e o início da década de 1930, publicações importantes, como *Fortune*, *Wall Street Journal*, *Saturday Evening Post*, *New York Times*, *Chicago Tribune* e *Christian Science Monitor* saudavam Mussolini como o homem

---

[9] Wulf Schwarzwäller, *The Unknown Hitler* [O Hitler desconhecido], p. 197.

[10] Charles Higham, *Trading with the Enemy* [Negociar com o inimigo] (Nova York: Dell, 1983).

que resgatou a Itália da anarquia e do radicalismo. Elas criavam fantasias rapsódicas de uma Itália ressurreta na qual a pobreza e a exploração haviam desaparecido repentinamente, onde a esquerda radical havia sido derrotada, a harmonia reinava e os Camisas Negras protegiam uma "nova democracia".

A imprensa de idioma italiano nos Estados Unidos juntava--se ao coro com entusiasmo. Os dois jornais mais influentes – o *L'Italia*, de São Francisco, financiado principalmente pelo Bank of America, pertencente a Amadeo P. Giannini, e *Il Progresso*, de Nova York, de propriedade do multimilionário Generoso Pope – viam com bons olhos o regime fascista e sugeriam que os Estados Unidos poderiam se beneficiar de uma ordem social similar.

Algumas vozes discordantes se recusavam a aderir ao coro de "Adoramos Benito". O *The Nation* lembrava seus leitores de que, em vez de *salvar* a democracia, Mussolini a estava *destruindo*. Progressistas das mais variadas estirpes e inúmeras lideranças trabalhistas denunciavam o fascismo. Mas seus sentimentos críticos recebiam pouca exposição na mídia empresarial estadunidense.

O mesmo acontecia em relação a Hitler. A imprensa não via com maus olhos a ditadura nazista do *Führer*. Havia um grupo substancial que acreditava no lema "Dê uma chance a Adolph", alguns deles comprados com dinheiro nazista. A fim de obter uma cobertura mais positiva nos jornais de William Randolph Hearst, por exemplo, os nazistas pagavam quase dez vezes o valor da assinatura padrão pelo INS (International News Service), o serviço de notícias do magnata estadunidense. Em troca, Hearst instruía seus correspondentes na Alemanha para que preparassem matérias amigáveis sobre o regime de Hitler. Aqueles que se recusassem a fazer isso eram transferidos ou demitidos. Os jornais de Hearst abriram suas páginas até mesmo para colunas de convidados ocasionais redigidas por líderes nazistas proeminentes, como Alfred Rosenberg e Hermann Göring.

Entre meados e o final da década de 1930, a Itália e a Alemanha, aliadas ao Japão, outro país de industrialização tardia, estavam buscando de maneira agressiva uma participação nos mercados do mundo e na pilhagem colonial, um expansionismo que os levava cada vez mais perto de um conflito com as potências capitalistas ocidentais mais estabelecidas, como Reino Unido, França e Estados Unidos. À medida que as nuvens da guerra se acumulavam, a opinião da imprensa estadunidense sobre as potências do Eixo passou a ter um tom decididamente crítico.

O uso racional de ideologia irracional

Alguns autores destacam as características "irracionais" do fascismo. Ao fazer isso, eles negligenciam as funções político-econômicas racionais que ele desempenhava. Boa parte da política consiste na manipulação racional de símbolos irracionais. Sem dúvida, isso é válido para a ideologia fascista, cujos apelos emocionais desempenhavam uma função de controle de classe.

Em primeiro lugar, havia o culto ao líder: na Itália, *il Duce* [o Líder], na Alemanha, *der Führerprinzip* [o princípio da infalibilidade da liderança]. Junto com a adoração ao líder, vinha a idolatria do Estado. Como escreveu Mussolini: "A concepção de vida fascista salienta a importância do Estado e aceita o indivíduo somente na medida em que seus interesses coincidam com os do Estado". O fascismo prega o governo autoritário de um Estado totalmente abrangente e um líder supremo. Ele promove os impulsos humanos mais baixos de conquista e dominação, ao mesmo tempo que rejeita o igualitarismo, a democracia, o coletivismo e o pacifismo como doutrinas débeis e decadentes.

Uma devoção à paz, escreveu Mussolini, "é hostil ao fascismo". A paz perpétua, ele declarou em 1934, é uma doutrina "deprimente". Somente na "luta cruel" e na "conquista", homens e países alcançam a mais plena realização. "Embora palavras sejam coisas belas", ele afirmou, "rifles, metralhadoras, aviões e canhões são ainda mais belos." E, em outra ocasião, escreveu: "Somente a guerra... confere a marca da nobreza nos povos que têm a coragem de encará-la". Ironicamente, a maioria dos recrutas do Exército italiano não tinha estômago para as guerras de Mussolini, tendendo a se retirar da batalha assim que descobriam que o outro lado estava usando munição de verdade.

A doutrina fascista enfatiza valores monistas: *Ein Volk, ein Reich, ein Führer* [um povo, um império, um líder]. O povo não deve mais se preocupar com divisões de classe, mas precisa se ver como parte de um todo harmonioso, ricos e pobres unidos, uma visão que apoia o *status quo* econômico ao ocultar o sistema permanente de exploração de classe. Isso em contraste com uma agenda de esquerda que defende a articulação de demandas populares e uma conscientização mais aguçada da injustiça social e da luta de classes.

Esse monismo é sustentado por apelos atávicos às raízes míticas do povo. Para Mussolini, era a grandiosidade da Roma Antiga; para Hitler, o antigo *volk* [povo ou raça]. Uma peça escrita pelo autor pró-nazista Hanns Johst, chamada *Schlageter*, apresentada por toda a Alemanha tão logo os nazistas tomaram o poder (Hitler esteve presente na noite de abertura em Berlim), contrapõe o misticismo racial à política de classe. O entusiasmado August está falando com o pai, Schneider:

> *August*: O senhor não vai acreditar, papai, mas... os jovens não prestam mais muita atenção nesses antigos *slogans*... a luta de classes está morrendo.
>
> *Schneider*: E o que vocês colocaram no lugar?
>
> *August*: A comunidade racial.
>
> *Schneider*: E isso é um *slogan*?
>
> *August*: Não. É uma experiência!
>
> *Schneider*: Meu Deus, a nossa luta de classes, as nossas greves,

elas não foram uma experiência, né? O Socialismo, a Internacional, foram fantasias talvez?

August: Elas foram necessárias, mas… são experiências históricas.

Schneider: O futuro, portanto, terá a sua comunidade racial. Explica para mim como vocês efetivamente visualizam isso? Pobres, ricos, gente saudável, da classe alta, da classe baixa, tudo isso desaparece com vocês? É isso?

August: Pai, veja bem, a classe alta, a baixa, pobres, ricos, isso sempre existiu. É somente a importância que se dá a essa questão que é decisiva. Para nós, a vida não é retalhada em horas trabalhadas e fornecidas com tabelas de preços. Em vez disso, acreditamos na existência humana como um todo. Nenhum de nós acredita que ganhar dinheiro seja a coisa mais importante; queremos servir. O indivíduo é um corpúsculo no fluxo de sangue de seu povo.[11]

Os comentários do filho são reveladores: "A luta de classes está morrendo". A preocupação do pai com os abusos do poder de classe e com a injustiça de classe é facilmente rejeitada como apenas um estado mental sem contato com a realidade objetiva. Ela é até mesmo falsamente equiparada a uma preocupação fútil com dinheiro: "Nenhum de nós acredita que ganhar dinheiro seja a coisa mais importante". Presumivelmente, questões envolvendo riqueza devem ser deixadas para os abastados. Temos algo melhor, August nos diz: uma experiência monista e totalitária como um único povo, todos nós, ricos e pobres, trabalhando juntos para alcançarmos alguma glória maior. Convenientemente omitido está o modo como os "sacrifícios gloriosos" são feitos pelos pobres em benefício dos ricos.

A posição enunciada nessa peça e em outras propagandas nazistas não revela uma indiferença às classes; muito pelo con-

---

[11] George Mosse (org.), *Nazi Culture* [Cultura nazista] (Nova York: Grosset & Dunlap, 1966), p. 116-118.

trário, ela representa uma profunda consciência de interesses de classe, um esforço bem engendrado de mascarar e calar a forte consciência de classe que existia entre os trabalhadores na Alemanha. Na negação astuciosa, muitas vezes descobrimos a admissão oculta.

O fascismo e a pseudorrevolução

O chauvinismo nacional, o racismo, o sexismo e os valores patriarcais do fascismo também serviram a um interesse de classe conservador. A doutrina fascista, especialmente a da variedade nazista, tem um compromisso explícito com a supremacia racial. Diz-se que atributos humanos, inclusive *status* de classe, são herdados por meio do sangue; a posição de uma pessoa na estrutura social é tomada como uma medida da natureza inata dessa pessoa. Genética e biologia são reunidas para justificar a estrutura de classe existente. Nada diferente do que acadêmicos racistas fazem atualmente com suas teorias de "curva normal"[12] e embustes requentados envolvendo eugenia.

Junto com a desigualdade racial e de classe, o fascismo apoia a homofobia e a desigualdade de gênero. Entre as primeiras vítimas do nazismo estava um grupo de homossexuais nazistas, líderes das tropas de assalto da SA. Quando reclamações sobre o comportamento abertamente homossexual do líder das SA, Ernst Röhm, e de algumas de suas tropas de assalto que usavam camisas marrons continuaram a chegar a Hitler depois de ele tomar o poder, ele emitiu uma declaração oficial, argumentan-

---

[12] Referência ao livro The Bell Curve [A curva normal], de Charles Murray e Richard Herrnstein, no qual os autores defendem uma tese extremamente conservadora e racista segundo a qual a inteligência e a riqueza seriam hereditárias, e os negros seriam menos inteligentes do que os caucasianos. (N.T.)

do que a questão pertencia "puramente à esfera privada" e que a "vida privada" de um oficial das SA "não pode ser objeto de escrutínio, a não ser que isso estivesse em conflito com os princípios básicos da ideologia nacional-socialista".

As forças paramilitares das SA haviam sido usadas para vencer a batalha das ruas contra sindicalistas e a esquerda radical. As tropas de assalto agiam como uma força pseudorrevolucionária que apelava às queixas das multidões com uma condenação retórica do capital financeiro. Quando o número de membros das SA explodiu para 3 milhões em 1933, o patriciado militar e os barões da indústria sentiram-se bastante incomodados. Era necessário resolver o problema dos arruaceiros das SA, que denunciavam a decadência burguesa e clamavam pela redistribuição da riqueza e a conclusão da "revolução nazista".

Depois de usar as SA para tomar o poder do Estado, Hitler então usou o Estado para neutralizar as SA. Agora, do nada, a homossexualidade de Röhm estava em conflito com a ideologia nacional-socialista. Na verdade, as SA tinham de ser decapitadas. Não porque seus líderes fossem homossexuais – embora essa tenha sido a razão dada –, mas porque havia a ameaça de elas se tornarem um problema sério. Röhm e cerca de trezentos outros membros das SA foram executados. Nem todos eram gays. Entre as vítimas, estava o propagandista veterano do nazismo, Gregor Strasser, que era suspeito de ter tendências de esquerda.

Sem dúvida, muitos nazistas eram extremamente homofóbicos. Um dos nazistas mais poderosos, o líder das SS, Heinrich Himmler, via os homossexuais como uma ameaça à masculinidade alemã e à fibra moral dos povos teutônicos, pois um "homossexual efeminado" não procriaria nem daria um bom soldado. A homofobia e o sexismo de Himmler uniram-se quando ele anunciou: "Nos Estados Unidos, se um homem apenas olha para uma moça, ele pode ser forçado a se casar com ela ou a ter de pagar uma indenização... Por isso, lá, os homens se protegem virando homossexuais. Nos Estados Unidos, as mulheres são como machados de guerra – elas atacam os homens".[13] Assim falou uma das grandes mentes do nazismo. Com o tempo, Himmler conseguiu estender a opressão aos gays para além da liderança das SA. Milhares de gays sem ligação com o partido pereceram em campos de concentração das SS.

Ao longo das eras, em diversas sociedades, as mulheres, se conseguissem encontrar uma oportunidade, tentavam limitar o número de filhos que tinham. Isso representa um problema em potencial para um patriarcado fascista, que necessita de amplos números de soldados e trabalhadores no setor de armamentos. Mulheres são menos capazes de defender seus direitos reprodutivos se mantidas subservientes e dependentes. Por isso, a ideologia fascista venerava a autoridade patriarcal. Cada homem precisa ser um marido, um pai e um soldado, dizia *il Duce*. A maior vocação de uma mulher era cultivar suas virtudes domésticas, cuidar de maneira devotada das necessidades de sua família, ao mesmo tempo que gerava tantos filhos para o Estado quanto pudesse.

A ideologia patriarcal era vinculada a uma ideologia de classe conservadora, que via todas as formas de igualdade social como uma ameaça aos privilégios e ao controle hierárquico. O patriarcado sustentava a plutocracia: o que seria da família se as mulheres não seguissem o roteiro? E, quando se perde a família, toda a estrutura social é ameaçada. O que seria do Estado e da autoridade, privilégios e riqueza da classe dominante? Os fascistas gostavam de defender aquilo que hoje é chamado de "valores familiares" – embora a maioria das principais lideranças nazistas dificilmente pudessem ser descritas como homens de família devotados.

---

[13] Richard Plant, *The Pink Triangle: The Nazi War Against Homosexuals* [O triângulo rosa: a guerra nazista contra os homossexuais] (Nova York: Henry Holt, 1988), p. 91.

Na Alemanha nazista, o racismo e o antissemitismo serviam para desviar a atenção de queixas legítimas para bodes expiatórios convenientes. A propaganda antissemita era habilmente personalizada para atrair diferentes públicos. Superpatriotas ouviam que os judeus eram internacionalistas estrangeiros. Desempregados ouviam que seus rivais eram o banqueiros e o capitalista judeus. Para fazendeiros endividados, era o usurário judeu. Para a classe média, eram o sindicalista e o comunista judeus. Aqui, novamente, temos um uso racional consciente de imagens irracionais. Os nazistas podem ter sido loucos, mas não eram estúpidos.

O que distingue o fascismo das autocracias patriarcais de direita é o modo como ele tenta cultivar uma aura revolucionária. O fascismo oferece um misto ilusório de apelos à massa que soam revolucionários e uma política de classe reacionária. O nome completo do Partido Nazista era Partido Nacional-Socialista dos Trabalhadores Alemães, um nome que soa de esquerda. Conforme já observado, as tropas de assalto das SA tinham em suas fileiras militantes que defendiam a redistribuição da riqueza e que foram reprimidos por Hitler depois de sua tomada do poder.

Tanto os fascistas italianos quanto os nazistas alemães fizeram um esforço consciente para roubar a cena da esquerda. Havia mobilizações de massa, organizações de jovens, brigadas de trabalho, comícios, desfiles, faixas, símbolos e *slogans*. Falava-se muito sobre uma "revolução nazista" que revitalizaria a sociedade, varrendo toda a antiga ordem e construindo um novo mundo.

Por esse motivo, escritores convencionais sentem-se livres para tratar o fascismo e o comunismo como gêmeos totalitários. Isso nada mais é do que reduzir essência à forma. A similaridade na forma é tomada como razão suficiente para obscurecer a enorme diferença em termos de conteúdo real de classe. É muito comum ver escritores como A. James Gregor e William Ebenstein, inúmeros líderes políticos do Ocidente, além de outras vozes que supostamente pertencem à esquerda democrática misturarem fascismo com comunismo. Assim, Noam Chomsky afirma: "A ascensão das corporações foi na verdade uma manifestação do mesmo fenômeno que levou ao fascismo e ao bolchevismo, os quais surgiram do mesmo solo totalitário".[14] Mas, na Itália e na Alemanha da época, a maioria dos operários e dos camponeses fazia uma clara distinção entre o fascismo e o comunismo, assim como o faziam industriais e banqueiros que apoiavam o fascismo por medo e ódio do comunismo, um juízo amplamente baseado nas realidades de classe.

Antigamente, eu costumava dizer que o fascismo jamais conseguiu resolver as contradições irracionais do capitalismo. Hoje em dia, acredito que ele concretizou essa meta – mas somente para os capitalistas, não para o povo. O fascismo jamais teve a intenção de oferecer uma solução social que atendesse à população em geral, somente uma solução reacionária, que empurrava todo o ônus e prejuízo para a massa trabalhadora. Desnuda de sua parafernália ideológica e organizacional, o fascismo não passa de uma solução final para a luta de classes, a submersão totalitária e a exploração das forças democráticas para benefício e lucro de altos círculos financeiros.

O fascismo é uma revolução falsificada. Ele cultiva a aparência de política popular e uma aura revolucionária sem oferecer um autêntico conteúdo de classe revolucionário. Ele propaga uma "nova ordem" enquanto serve aos mesmos velhos interesses burgueses. A culpa de seus líderes não é a confusão que criam, mas a fraude que disseminam. O fato de que eles se esforçam para iludir o público não significa que eles mesmo estão iludidos.

---

[14] Chomsky em entrevista para Husayn Al-Kurdi, *Perception*, mar./abr. 1996.

Deferente com o fascismo

Um dos temas convenientemente negligenciados por autores convencionais é o modo como os Estados capitalistas ocidentais cooperaram com o fascismo. Em seus esforços colaboracionistas, o primeiro-ministro britânico Neville Chamberlain era definitivamente receptivo aos nazistas. Ele e muitos membros de sua classe viam Hitler como uma linha de defesa contra o comunismo na Alemanha, e a Alemanha nazista como uma linha de defesa contra o comunismo na Europa.

Depois da Segunda Guerra Mundial, os aliados capitalistas ocidentais não se esforçaram para erradicar o fascismo da Itália nem da Alemanha, exceto no que diz respeito a julgar alguns dos principais líderes do nazifascismo em Nurembergue. Em torno de 1947, conservadores alemães começaram a retratar os promotores de Nurembergue como incautos enganados por judeus e comunistas. Na Itália, o forte movimento guerrilheiro que havia travado uma luta armada contra o fascismo logo passou a ser tratado como suspeito e impatriótico. No espaço de um ano após a guerra, quase todos os fascistas italianos foram soltos, ao passo que centenas de comunistas e outros guerrilheiros de esquerda que haviam lutado contra a ocupação nazista foram presos. A história foi colocada de pernas para o ar, transformando os Camisas Negras em vítimas e a esquerda radical em criminosa. Autoridades das forças Aliadas contribuíram para essas medidas.[15]

Sob a proteção das autoridades de ocupação dos Estados Unidos, a polícia, os tribunais, as Forças Armadas, as agências

---

[15] Roy Palmer Domenico, *Italian Fascists on Trial, 1943-1948* [Fascistas italianos em julgamento, 1943-1948] (Chapel Hill: University of North Carolina Press, 1991), *passim*. Na França, igualmente, pouquíssimos colaboradores de Vichy foram expurgados. "Ninguém em cargo

de segurança e a burocracia permaneceram, em grande medida, nas mãos de indivíduos que haviam trabalhado para os antigos regimes fascistas ou nas de seus recrutas ideológicos – como é verdade até os dias de hoje. Os responsáveis pelo Holocausto assassinaram 6 milhões de judeus, meio milhão de ciganos, milhares de homossexuais, vários milhões de ucranianos, russos e poloneses, entre outros, mas não sofreram consequência alguma. Isso se deu, em grande medida, porque as pessoas que deveriam investigar esses crimes eram também cúmplices dos mesmos atos.

Em comparação, quando os comunistas tomaram o poder na Alemanha Oriental, removeram cerca de 80% dos juízes, professores e autoridades públicas por sua colaboração nazista; prenderam milhares e executaram 600 lideranças nazistas por crimes de guerra. Eles teriam executado mais criminosos de guerra não fosse o fato de que muitos destes fugiram para o abraço protetor do Ocidente.

---

algum foi punido seriamente por seu papel na captura e deportação de judeus para os campos de concentração nazistas", Herbert Lottman, *The Purge* [O expurgo] (Nova York: William Morrow, 1986), p. 290. O mesmo argumento pode ser dito da Alemanha; ver Ingo Muller, *Hitler's Justice* [A justiça de Hitler] (Cambridge, MA: Harvard University Press, 1991), parte 3, "The aftermath" [As consequências]. As autoridades militares dos Estados Unidos reconduziram colaboradores fascistas ao poder em vários países do Extremo Oriente. Na Coreia do Sul, por exemplo, colaboradores coreanos e a polícia, treinada pelos japoneses, foram usados para suprimir forças democráticas de esquerda. O Exército sul-coreano foi comandado por oficiais que haviam servido no Exército imperial japonês "e tinham orgulho disso". Vários deles haviam sido culpados de crimes de guerra nas Filipinas e na China: Hugh Deane, "Korea, China and the United States: A Look Back", *Monthly Review*, fevereiro de 1995, p. 20 e 23.

O que aconteceu com as empresas estadunidenses que colaboraram com o fascismo? O Chase National Bank, da família Rockefeller, usou seu escritório em Paris, na França de Vichy, para ajudar a lavar dinheiro alemão, a fim de facilitar o comércio internacional nazista durante a guerra, e fez isso com total impunidade.[16] Conglomerados empresariais, como DuPont, Ford, General Motors e ITT, eram proprietários de fábricas em países inimigos, onde produziram combustível, tanques e aviões que infligiram enormes prejuízos às forças Aliadas. Depois da guerra, em vez de ser processada por traição, a ITT recebeu 27 milhões de dólares do governo dos Estados Unidos a título de reparações de guerra por danos causados em suas fábricas alemãs pelos bombardeios dos Aliados. A General Motors recebeu mais de 33 milhões de dólares. Os pilotos recebiam instruções para não atingir fábricas na Alemanha que fossem de propriedade de empresas dos Estados Unidos. Assim, enquanto a cidade de Colônia foi quase totalmente destruída pelo bombardeio dos Aliados, a fábrica da Ford, que fornecia equipamentos militares para o Exército nazista, permaneceu intocada; de fato, até a população civil alemã começou a usar a fábrica como abrigo antiaéreo.[17]

---

[16] Depois da guerra, Hermann Abs, conselheiro do Deutsche Bank e, na realidade, "tesoureiro de Hitler", foi louvado por David Rockefeller como "o mais importante banqueiro de nossa época". Segundo seu obituário no *New York Times*, Abs "desempenhou um papel dominante na reconstrução da Alemanha Ocidental depois da Segunda Guerra Mundial". Nem o *Times* nem Rockefeller disseram uma palavra sobre as conexões nazistas de Abs, as incursões predatórias de seu banco na Europa sob ocupação nazista, tampouco de sua participação, como membro do conselho da I. G. Farben, no uso de trabalho escravo em Auschwitz: Robert Carl Miller, *Portland Free Press*, set./out. 1994.

[17] Charles Higham, *Trading with the Enemy*.

Durante décadas, as lideranças estadunidenses fizeram sua parte para manter o fascismo italiano vivo. De 1945 a 1975, as agências governamentais estadunidenses deram cerca de 75 milhões de dólares para organizações de direita na Itália, inclusive algumas com laços próximos à agremiação neofascista Movimento Social Italiano (MSI). Em 1975, o então secretário de Estado, Henry Kissinger, se encontrou com o líder do MSI, Giorgio Almirante, em Washington, para discutir quais "alternativas" poderiam ser avaliadas caso os comunistas italianos vencessem as eleições e assumissem o controle do governo.

Centenas de criminosos de guerra nazistas encontraram refúgio nos Estados Unidos, seja vivendo confortavelmente no anonimato, seja trabalhando para agências de inteligência estadunidenses durante a Guerra Fria, além de desfrutarem da proteção de indivíduos em posições de destaque. Alguns chegaram a participar dos comitês de campanhas presidenciais do Partido Republicano de Richard Nixon, Ronald Reagan e George Bush.[18]

---

[18] Um deles, Boleslavs Maikovskis, um chefe de polícia letão que fugiu para a Alemanha Ocidental para escapar das acusações soviéticas de crimes de guerra e, na sequência, para os Estados Unidos, estava bastante implicado no massacre nazista de mais de duzentos aldeões letões. Ele trabalhou em um subcomitê do Partido Republicano na reeleição do presidente Nixon e, em seguida, fugiu de volta para a Alemanha, a fim de evitar uma investigação tardia nos Estados Unidos por crimes de guerra, morrendo na provecta idade de 92 anos (*New York Times*, 8 maio 1996). Criminosos de guerra nazistas foram ajudados por agências de inteligência, interesses empresariais, corpos militares do Ocidente e até mesmo pelo Vaticano. Em outubro de 1944, o comandante de paraquedistas alemão major Walter Reder foi responsável pelo massacre de 1.836 civis indefesos em um vilarejo próximo a Bolonha, na Itália, em represália contra as atividades dos guerrilheiros. Em 1985, após um apelo em seu nome pelo papa João Paulo II, entre outros, ele foi solto – a despeito dos enérgicos protestos

Na Itália, de 1969 a 1974, elementos do alto escalão da inteligência militar e das agências civis de inteligência; membros da P2, uma loja maçônica de burgueses reacionários, autoridades pró-fascistas do Vaticano e membros do alto escalão militar do país; e a Gladio, uma força mercenária anticomunista criada pela Otan, embarcaram em uma campanha orquestrada de sabotagens e terror conhecida como a "estratégia de tensão". Outros participantes incluíram um grupo neofascista secreto chamado Ordine Nuovo [Nova Ordem], autoridades da Otan, membros dos carabineiros, chefes da máfia, trinta generais, oito almirantes, além de membros influentes da maçonaria, como Licio Gelli (um criminoso de guerra fascista recrutado pela inteligência estadunidense em 1944). O terrorismo contou com a ajuda e o encorajamento do "aparato de segurança internacional", inclusive da CIA. Em 1995, a CIA recusou-se a cooperar com uma comissão parlamentar italiana que investigava a estratégia de tensão (*Corriere della Sera*, 12 abr. 1995, 29 maio 1995).

Os conspiradores terroristas executaram uma série de sequestros, assassinatos e ataques a bomba (*i stragi*) [os massacres], inclusive a explosão que matou 85 e feriu cerca de 200 pessoas, algumas das quais gravemente, na estação de trem de Bolonha, em agosto de 1980. Conforme investigações judiciais posteriores concluíram, a estratégia de tensão não foi um simples produto do neofascismo, mas o resultado de uma campanha maior conduzida por forças do aparato estatal de segurança contra a crescente popularidade da esquerda democrática parlamentar. O objetivo era "combater por qualquer meio os ganhos eleitorais do Partido Comunista Italiano" e criar, por meio da campanha de terror, medo o bastante na população, a fim de solapar a social-democracia multipartidária e substituí-la por uma "República presidencial" autoritária, ou, em todo caso, "um Exe-

---

de parentes das vítimas.

cutivo mais forte e estável" (*La Repubblica*, 9 abr. 1995; *Corriere della Sera*, 27 mar. 1995; 28 mar. 1995; 29 maio 1995).

Na década de 1980, dezenas de pessoas foram assassinadas na Alemanha e na Bélgica, entre outros países da Europa Ocidental, por membros da extrema direita a serviço de agências de segurança estatais (*Z Magazine*, março de 1990). Esses atos de terrorismo foram praticamente ignorados pela mídia empresarial estadunidense. Tal como na estratégia de tensão anterior na Itália, os ataques foram concebidos para criar incertezas e semear o medo entre a população, de modo a debilitar essas sociais-democracias.

As autoridades nesses países da Europa Ocidental e nos Estados Unidos fizeram pouco para expor as redes neonazistas. À medida que os bafejos de fascismo se transformam em um fedor inquestionável, somos lembrados de que a prole de Hitler continua conosco e de que eles têm vínculos perigosos entre si e no âmbito das agências de segurança de vários países capitalistas ocidentais.

Na Itália, em 1994, venceram as eleições gerais a Aliança Nacional, uma versão mais ampliada do neofascista MSI, em coalizão com uma liga separatista do Norte, e o Força Itália, um movimento semifascista chefiado pelo industrial e magnata da mídia Silvio Berlusconi. A Aliança Nacional jogou com o ressentimento em relação ao desemprego, impostos e imigração. Ela pedia uma alíquota única de impostos para ricos e pobres, *vouchers* escolares, o desmantelamento dos benefícios sociais e a privatização da maioria dos serviços.

Os neofascistas italianos aprendiam com os reacionários estadunidenses como atingir as metas de classe do fascismo dentro dos limites de formas semidemocráticas: usar um otimismo "reaganesco" contagiante; substituir os militares de coturno por celebridades promovidas pela mídia; convencer as pessoas de que o governo é o inimigo – especialmente a área de serviços sociais –, ao mesmo tempo que se reforçam as capacidades repressivas do Estado; instigar antagonismos e a hostilidade racista entre a população residente e imigrantes; pregar as virtudes míticas do livre mercado; e buscar medidas tributárias e de gastos que redistribuam a renda para cima.

Nos países ocidentais, os conservadores utilizam maneiras difusas do apelo às massas fascista. Nos Estados Unidos, eles disseminam mensagens de tom populista para o "típico cidadão médio estadunidense", ao mesmo tempo que sutilmente fazem pressão por medidas que atendam aos interesses das pessoas e dos grandes conglomerados empresariais mais abastados. Em 1996, o presidente da Câmara dos Deputados, o político de direita Newt Gingrich, ao anunciar uma nova agenda de cortes financeiros que supostamente revitalizariam a sociedade, declarou ser "um autêntico revolucionário". Na Itália, na Alemanha, nos Estados Unidos ou em qualquer outro país, quando a direita fala em uma "nova revolução" ou uma "nova ordem", faz isso a serviço dos velhos interesses endinheirados de sempre, levando-nos para aquela antiga estrada da reação e da repressão que tantos países do Terceiro Mundo foram forçados a pegar, a estrada que aqueles no topo querem que todos nós peguemos.

2. CHEGOU A HORA DE
ELOGIAR A REVOLUÇÃO

Durante a maior parte deste século, a política externa dos Estados Unidos foi dedicada à eliminação de governos revolucionários e movimentos radicais ao redor do mundo. Na virada do século xx, a administração McKinley estava envolvida em uma guerra de atrito contra as Filipinas, que durou de 1898 a 1902 (bolsões de resistência continuaram a existir durante anos após o término do conflito). Nessa guerra, as forças estadunidenses mataram cerca de 200 mil homens, mulheres e crianças filipinos.[19] Aproximadamente na mesma época, em sintonia com várias potências coloniais europeias, os Estados Unidos invadiram a China, a fim de ajudar a reprimir a Rebelião dos Boxers, resultando em perdas substanciais de vidas para os rebeldes chineses. As forças estadunidenses assumiram o controle do Havaí, de Cuba, de Porto Rico e de Guam e, nas décadas seguintes, invadiram o México, a Rússia Soviética, Nicarágua, Honduras e a República Dominicana, além de outros países. Frequentemente, essas ações causavam graves perdas nas populações desses países.

Os custos da contrarrevolução

Desde o primeiro ano escolar até a pós-graduação, poucos de nós aprendemos alguma coisa sobre esses eventos, exceto para nos ensinar que as forças dos Estados Unidos precisaram inter-

---

[19] Leon Wolf, *Little Brown Brother* [Irmãozinho marrom] (Nova York: Oxford University Press, 1960).

vir nesse ou naquele país, a fim de proteger os interesses estadunidenses, interromper agressões e defender a nossa segurança nacional. As lideranças estadunidenses conceberam outras justificativas convenientes para suas intervenções no exterior. Ao público, dizia-se que os povos de vários países necessitavam da nossa direção civilizadora e estavam desejosos das bênçãos da democracia, da paz e da prosperidade. Para que isso acontecesse, claro, seria necessário erradicar números consideráveis dos elementos mais recalcitrantes entre eles. Essas eram as medidas que nossos formuladores de políticas estavam dispostos a implementar, a fim de "iluminar povos mais atrasados".

A emergência de potências comunistas importantes, como a União Soviética e a República Popular da China, adicionou outra dimensão à política contrarrevolucionária global dos Estados Unidos. Os comunistas eram apresentados como o mal encarnado, conspiradores demoníacos que buscavam o poder pelo poder. Diziam-nos que os Estados Unidos tinham de estar em todos os lugares, para combater a metástase desse "câncer".

Em nome da democracia, os líderes estadunidenses travaram uma guerra sem quartel contra revolucionários na Indochina durante quase duas décadas. No Vietnã, eles jogaram explosivos em uma quantidade várias vezes maior do que a soma das bombas que foram usadas durante a Segunda Guerra Mundial por todos os países beligerantes. Em uma audiência perante um comitê do Congresso dos Estados Unidos, o ex-diretor da CIA, William Colby, admitiu que, sob sua direção, as forças estadunidenses e seus colaboradores sul-vietnamitas executaram o assassinato seletivo de 24 mil dissidentes vietnamitas, naquele que ficou conhecido como o Programa Fênix. Seu comparsa, o ministro das Informações sul-vietnamita, insistia que 40 mil era uma estimativa mais precisa.[20] Os políticos estaduniden-

---

[20] Mark Lane, *Plausible Denial* [Negação plausível] (Nova York:

ses e seus porta-vozes na mídia do país consideraram a guerra um "equívoco" porque os vietnamitas se mostraram incapazes de ser devidamente instruídos por ataques de bombardeiros B-52 e esquadrões da morte. Ao triunfarem ante esse massacre, os vietnamitas supostamente demonstraram que não estavam "preparados para nossas instituições democráticas".

No fomento à contrarrevolução e em nome da liberdade, as forças estadunidenses ou as forças substitutas apoiadas pelos Estados Unidos massacraram 2 milhões de norte-coreanos em uma guerra de três anos; 3 milhões de vietnamitas; mais de 500 mil pessoas em ataques aéreos sobre o Laos e o Camboja; mais de 1,5 milhão em Angola; mais de 1 milhão em Moçambique; mais de 500 mil no Afeganistão; de 500 mil a 1 milhão na Indonésia; 200 mil no Timor Leste; 100 mil na Nicarágua (combinando as eras Somoza e Reagan); mais de 100 mil na Guatemala (além de outros 40 mil desaparecidos); mais de 700 mil no Iraque;[21] mais de 60 mil em El Salvador; 30 mil na "guerra suja" contra a Argentina (embora o governo admita apenas 9 mil); 35 mil em Taiwan, quando os militares do Kuomintang chegaram da China; 20 mil no Chile; e milhares de outros em dezenas de países como Haiti, Panamá, Granada, Brasil, África do Sul, Saara Ocidental, Zaire[22], Turquia, no que equivale a um holocausto do mundo do livre mercado.

Thunder's Mouth Press, 1991), p. 79.

[21] A guerra de 1991 travada pela administração Bush contra o Iraque, que clamou um número estimado de 200 mil vítimas, foi seguida por sanções econômicas por parte das Nações Unidas lideradas pelos Estados Unidos. Um estudo da FAO (Organização das Nações Unidas para a Alimentação e a Agricultura), intitulado *The Children Are Dying* (1996), informa que, desde o final da guerra, 576 mil crianças iraquianas morreram de fome e doenças e dezenas de milhares mais sofrem com deficiências e doenças devido aos cinco anos de sanções.

[22] A atual República Democrática do Congo (N.T).

Fontes oficiais negam esses assassinatos em massa patrocinados pelos Estados Unidos ou os justificam como uma medida necessária que tinha de ser tomada contra o implacável inimigo comunista. A propaganda anticomunista saturou nossas ondas de radiodifusão, escolas e o discurso político. Apesar da repetição e frequência com que referências dissimuladas à tirania da Ameaça Vermelha eram disseminadas, os formadores de opinião anticomunistas jamais disseram claramente o que os comunistas realmente faziam em termos de política socioeconômica. Isso pode explicar por que, apesar de décadas de propaganda contra a esquerda radical, a maioria dos estadunidenses, inclusive muitos que se consideram autoridades políticas, ainda não consegue apresentar uma única afirmação fundamentada sobre as políticas sociais de países comunistas.

Os propagandistas anticomunistas não proferiam sequer uma mísera palavra sobre como revolucionários em países como Rússia, China, Cuba, Vietnã e Nicarágua nacionalizaram as terras que estavam concentradas nas mãos de latifundiários que enriqueciam explorando o trabalho alheio e iniciaram programas em massa, a fim de promover a educação, saúde, moradia e empregos. Nem uma palavra sobre como seus esforços melhoraram a qualidade e as chances de vida de centenas de milhões em países que sofreram longamente sob o jugo da opressão feudal e da pilhagem colonial do Ocidente, uma melhora no bem-estar geral jamais vista na história.

Pouco importava se os revolucionários em vários países asiáticos, africanos e latino-americanos desfrutavam de apoio popular e estavam dispostos a adotar uma postura de neutralidade nas relações Leste-Oeste em vez de se colocarem sob a hegemonia de Moscou ou Pequim. Ainda assim, eram alvo de ataques contrarrevolucionários. Da oposição a comunistas, porque poderiam ser revolucionários, a distância era curta para que se opusessem a revolucionários, porque poderiam ser comunistas.

54

O verdadeiro pecado dos revolucionários – fossem eles comunistas ou não – era defender a classe trabalhadora contra minorias abastadas. Eles defendiam mudanças na distribuição do poder de classe e na maneira como a riqueza era produzida e utilizada. Eles queriam um progresso menos individualista à custa da maioria e melhorias coletivas para toda a população trabalhadora.

A impertinência do poder

As classes dominantes em todo o mundo odeiam e temem o comunismo não por sua falta de democracia política, mas porque ele tenta estabelecer a democracia econômica ao construir um sistema social igualitário e coletivista – embora elas raramente sejam diretas e admitam isso. Essa política intervencionista contrarrevolucionária está apoiada em várias premissas dúbias que poderiam ser descritas e refutadas da seguinte maneira:

1. "As lideranças estadunidenses têm o direito de definir os limites do desenvolvimento socioeconômico de outras nações." Isso não é verdade. Não existe nenhuma doutrina do direito internacional nem qualquer outra doutrina jurídica que dê aos líderes deste país o direito de ordenar qual tipo de sistema econômico ou modo de desenvolvimento social outro país poderá adotar, do mesmo modo que os líderes de outros países não têm o direito de ditar tais regras para os Estados Unidos. Na prática, a opção de impor o que é permitido é exercida pelo mais forte sobre o mais fraco, uma política de poder e não de direito.

2. "Os Estados Unidos precisam desempenhar um papel de contenção contrarrevolucionária, a fim de proteger nossos interesses nacionais." Isso somente é verdadeiro se igualarmos os "nossos interesses nacionais" com os interesses de investimento da alta finança. O intervencionismo dos Estados Unidos tem

sido muito eficaz na construção do neoimperialismo, mantendo a terra, o trabalho, os recursos naturais e os mercados de países do Terceiro Mundo disponíveis a preços irrisórios para empresas transnacionais. Mas esses interesses empresariais não representam os interesses do povo estadunidense. Além de bancar os gigantescos orçamentos militares e de sofrer com a exportação de seus empregos para mercados de trabalho estrangeiros e com o ingresso de milhares de imigrantes empobrecidos que competem por empregos escassos e moradia, a população arca com vários outros custos do império.[23]

Além disso, governos revolucionários, como Cuba, Líbia, Vietnã e Coreia do Norte estavam – e ainda estão – ansiosos por negociar e manter relações pacíficas conosco. Esses países não ameaçam a segurança nacional dos Estados Unidos nem de seu povo, mas os interesses estrangeiros do capitalismo global. Se fosse permitida a multiplicação de países com um sistema socialista alternativo, que usa a terra, a mão de obra, o capital e os recursos naturais de um modo coletivista, colocando as pessoas à frente dos lucros, isso acabaria por debilitar o capitalismo global.

3. "Os Estados Unidos têm a obrigação moral de garantir a estabilidade de países cuja democracia esteja se desenvolvendo, mas que estejam ameaçados por revolucionários e terroristas." Na verdade, a maioria das intervenções estadunidenses é feita em nome de oligarcas corruptos e egoístas e militares antidemocráticos (que tomam o poder com ou sem o benefício de eleições de fachada patrocinadas pelos Estados Unidos). Frequentemente, os oligarcas do Terceiro Mundo são educados em universidades de elite estadunidenses ou acabam na folha de pagamento da CIA, assim como seus chefes de polícia e oficiais militares, muitos dos

---

[23] Para uma discussão adicional sobre esse tema e aspectos relacionados, ver meu livro *Against Empire* [Contra o império] (São Francisco: City Lights Books, 1995), capítulo 4.

quais recebem treinamento em tortura e assassinato em instituições de contrainsurgência deste mesmo país.[24]

4. "Mudanças sociais fundamentais deveriam ser obtidas pacificamente, dentro da ordem estabelecida das nações, em vez de por meio de distúrbios revolucionários." Os políticos estadunidenses insistem em dizer que são favoráveis à eliminação da pobreza em países desfavorecidos e que não se opõem aos objetivos louváveis das revoluções sociais, mas sim a seus métodos violentos. Eles dizem que essas transformações podem ser efetuadas de maneira gradual e pacífica, preferencialmente por meio de investimentos privados e do mecanismo benigno do livre mercado. Na verdade, é mais provável que os investimentos empresariais tentem impedir em vez de encorajar reformas, ao obstruírem mercados e reestruturarem as economias locais, para que se adequem às necessidades de extração do capital estrangeiro. O capital financeiro internacional não tem interesse em melhorar as perspectivas de vida dos povos do Terceiro Mundo. De modo geral, à medida que os investimentos ocidentais aumentaram no Terceiro Mundo, as condições de vida para camponeses e trabalhadores passaram a ficar cada vez mais desesperadoras.

Violência de quem?

Em todo o mundo, as pessoas não precisam de mais investimentos empresariais. O que elas precisam, em lugar disso, é da oportunidade de retomar sua terra, mão de obra, recursos naturais e mercados, a fim de atender a suas próprias necessidades sociais. Uma transformação revolucionária como essa atrai uma oposição feroz dos apóstolos do livre mercado, cuja

---

[24] A respeito do treinamento de torturadores e assassinos pelos Estados Unidos, ver *Washington Post*, 21 set. 1996.

resistência violenta a mudanças sociais torna a transformação pacífica impossível de ser contemplada.

Mesmo em países como os Estados Unidos, onde reformas de abrangência limitada foram realizadas sem revolução, os meios "pacíficos" empregados envolveram agitação e luta popular – e um montante considerável de violência e derramamento de sangue, quase todo ele perpetrado pela polícia e pelas forças de segurança.

Este último ponto raras vezes é mencionado em discussões sobre a ética da violência revolucionária. O próprio conceito de "violência revolucionária" é, de algum modo, falsamente elencado, já que a maior parte da violência vem daqueles que tentam impedir a mudança, não daqueles que estão lutando por ela. Ao nos concentrarmos nas rebeliões violentas dos oprimidos, ignoramos a violência e a força repressora muito maior utilizada pela oligarquia dominante, para manter o *statu quo*, inclusive por meio de ataques armados contra manifestações pacíficas, prisões em massa, tortura, destruição de organizações de oposição, censura de publicações dissidentes, assassinatos por esquadrões da morte e o extermínio de povoados inteiros, entre outros fatores.

A maioria das revoluções sociais começa pacificamente. Por que seria diferente? Quem não preferiria se reunir e se manifestar, em vez de se engajar em um combate mortal contra forças implacáveis que contam com todo tipo de vantagem em termos de mobilidade e poder de fogo? As revoluções na Rússia, na China, no Vietnã e em El Salvador começaram de maneira serena, com multidões de camponeses e operários realizando protestos pacíficos somente para serem vítimas de opressão violenta por parte das autoridades. Protestos pacíficos e reformas são exatamente o que os oligarcas no poder negam às pessoas. Os dissidentes que continuam a resistir, que tentam se defender da fúria repressiva dos oligarcas, são então chamados de "revolucionários violentos" e "terroristas".

Para as elites locais e internacionais que mantêm o controle sobre a maioria da riqueza do mundo, a revolução social é uma aberração. Para elas, não importa se as demonstrações são pacíficas ou violentas. Reformas pacíficas que interfiram no acúmulo de seus lucros e ameacem seus privilégios de classe são tão inaceitáveis quanto os distúrbios sociais impostos pela revolução.

Reformas que melhorem as condições de vida da população em geral não são tão substancialmente difíceis nem tão dependentes de recursos do capital quanto nos fizeram acreditar. Não há grandes mistérios em construir uma clínica de saúde nem em implantar iniciativas de distribuição de alimentos, redistribuição da terra e alfabetização, além de programas de habitação e geração de empregos. Tais tarefas estão facilmente dentro da capacidade de qualquer Estado – desde que haja vontade política e mobilização do poder popular.

Vejamos Kerala, um estado na Índia onde as ações de organizações populares e movimentos de massa conquistaram importantes vitórias ao longo dos últimos quarenta anos contra a opressão político-econômica, gerando um nível de desenvolvimento social consideravelmente melhor do que o encontrado na maioria do Terceiro Mundo. E tudo isso foi conseguido sem investimentos externos. Kerala tem alfabetização em massa, níveis de natalidade e de mortalidade inferiores ao resto da Índia, melhores serviços de saúde pública, menos trabalhadores infantis, níveis nutricionais mais elevados (graças a um sistema de distribuição de alimentos subsidiado com dinheiro público), programas mais progressistas de educação e de apoio jurídico para mulheres e algumas proteções de segurança social para trabalhadores e para os mais pobres e deficientes físicos. Além disso, a população de Kerala alterou radicalmente um sistema de relações agrárias complexo e explorador e conquistou importantes vitórias contra as formas repugnantes de opressão de casta.

Embora Kerala não tenha fontes especiais de riqueza, o estado conta com décadas de lutas políticas e organização comunista que alcançaram e tocaram um grande número de pessoas e deram vida à democracia do local. "Apesar de seus períodos relativamente curtos na liderança do governo, é o Partido Comunista quem tem definido a agenda legislativa básica do povo de Kerala", observa o acadêmico indiano V. K. Ramachandran (*Monthly Review*, maio 1995). Tudo isso não é para negar que muitas pessoas em Kerala experimentam condições inaceitáveis de pobreza. Ainda assim, apesar do baixo nível de renda e recursos limitados, as realizações forjadas pela intervenção governamental democrática – e impulsionadas pela ação das massas – têm sido substanciais, representando a diferença entre uma existência modestamente suportável e a miséria absoluta.

Muitos povos do Terceiro Mundo produzem organizações populares dedicadas e capazes, como fizeram os comunistas em Kerala, mas elas normalmente são destruídas por forças estatais repressivas. Em Kerala, a agitação e o envolvimento populares tiraram proveito de aberturas democráticas e, por sua vez, propiciaram mais substância social à democracia. O que é necessário para a melhoria social não são empréstimos do Fundo Monetário Internacional (FMI) nem investimentos empresariais, mas organização política e oportunidade democrática, além de liberdade do terrorismo estatal patrocinado pelos Estados Unidos.

Os programas de ajuda estrangeira estadunidenses oferecem outro exemplo de como a política imperialista se disfarça de reformas sociais em países do Terceiro Mundo. Os programas de ajuda não têm o objetivo de promover melhorias sociais verdadeiras. Na melhor das hipóteses, eles financiam projetos fragmentados de alcance limitado. Mais frequentemente, eles são usados para enfraquecer os mercados locais, expulsar os pequenos agricultores de suas terras, construir uma infraestrutura de transportes e escritórios necessários a investidores estrangeiros, aumentar a dívida e a dependência econômica de um país e abrir ainda mais sua economia para a penetração de empresas transnacionais.

Livre mercado para poucos

Revolucionários do Terceiro Mundo são estigmatizados como inimigos da estabilidade. "Estabilidade" é um código para uma sociedade na qual relações sociais privilegiadas são profundamente enraizadas. Quando forças populares se mobilizam contra o privilégio e a riqueza, isso causa "instabilidade"; e isso é considerado algo indesejável pelos formuladores de políticas dos Estados Unidos e seus fiéis agentes publicitários na mídia empresarial do país.

Aqui, temos uma situação falaciosa. O que se passa por um compromisso dos Estados Unidos com a mudança pacífica não violenta, na verdade, é um compromisso com a defesa violenta de um capitalismo global injusto e não democrático. O estado de segurança nacional deste país usa de coerção e violência não para apoiar reformas sociais, mas contra estas, tudo em nome da "estabilidade", do "contraterrorismo", da "democracia" – e, em última análise e de maneira mais honesta, "do livre mercado".

Quando encabeçou a área de planejamento de políticas do Departamento de Estado dos Estados Unidos durante os primeiros anos da Guerra Fria, o renomado autor George Kennan revelou a impiedosa mentalidade da razão de Estado dos que se dedicam à desigualdade social doméstica e externamente. Kennan sustentava que um Estados Unidos rico diante de um mundo empobrecido não poderia se dar "ao luxo do altruísmo e de [proporcionar] benfeitorias [para o] mundo" e deveria deixar de falar sobre "objetivos vagos e irreais, como direitos humanos, elevação dos padrões de vida e democratização. [...] Quanto menos formos atrapalhados por *slogans* idealistas, melhor"

(PPS23, Departamento de Estado Estados Unidos, fevereiro de 1948). Falando em uma reunião para embaixadores estadunidenses na América Latina, Kennan observou: "A resposta final poderá ser desagradável, mas não deveríamos hesitar ante a repressão policial pelo governo local. Isso não é vergonhoso porque, essencialmente, os comunistas são traidores. [...] É melhor ter um regime forte [isto é, repressivo] no poder do que um governo liberal, caso este seja indulgente e relaxado e infiltrado por comunistas". Em um relatório de inteligência do Departamento de Estado de 1949, Kennan escreveu que os comunistas eram "pessoas compromissadas com a crença de que o governo tem responsabilidade direta pelo bem-estar do povo". Por isso, eles tinham de ser tratados duramente, sem preocupação com tais sutilezas, como democratização e direitos humanos.

Dizem que os Estados Unidos não podem renegar seus compromissos com outros povos e precisam continuar sendo os líderes mundiais; o resto do mundo espera isso de nós. Mas as pessoas comuns do mundo nunca pediram para os Estados Unidos liderarem o mundo. Pelo contrário, elas normalmente querem que os Estados Unidos voltem para casa e os deixem em paz. É por isso que os compromissos estadunidenses não são com as pessoas comuns de outros lugares, mas com as facções reacionárias privilegiadas que são mais obsequiosas para com os investidores ocidentais. Conforme as observações de Kennan indicam, a elite formuladora de políticas dos Estados Unidos não estava preocupada em promover o bem-estar das pessoas empobrecidas ao redor do mundo, mas em derrotar quem quer que se aliasse com as pessoas comuns, fossem eles da esquerda radical ou não.

Quaisquer que sejam os graves defeitos que eles tenham, governantes do Terceiro Mundo apoiados pelos Estados Unidos não representam algo melhor do que o tipo de tirania que comunistas ou totalitários revolucionários exercem? Torcedores do intervencionismo na academia estadunidense, como Samuel P. Huntington, da Universidade de Harvard, pensam que sim: "Por pior que um dado mal possa ser, algo ainda pior é sempre possível e, frequentemente, provável", Huntington conclui, chegando a defender como "males menores" os regimes sanguinários do Chile, sob Pinochet, e da África do Sul, sob o apartheid.[25]

Poderíamos nos lembrar da distinção de Jeane Kirkpatrick entre "benignos" governos autoritários de direita, que supostamente não são tão brutais e permitem mudanças graduais, e os horríveis regimes totalitários de esquerda, que reprimem todas as pessoas. A real distinção é que governos de direita preservam a ordem existente do livre mercado, baseado em privilégios, mantendo o mundo seguro para as hierarquias empoderadas e as classes abastadas. Em contraste, os governos "totalitários" de esquerda querem abolir as relações de propriedade exploradoras e criar um sistema econômico mais igualitário. O fato de que eles favorecem os mais pobres em vez dos mais ricos é o que os torna tão desprezíveis aos olhos destes últimos.

---

[25] *American Political Science Review*, v. 82, março de 1988, p. 5. No mesmo texto, Huntington descreve Mangosuthu Buthelezi, o chefe do Partido da Liberdade Inkatha, da África do Sul, apoiado pela CIA, como um "notável reformador democrático da atualidade". É de conhecimento público que Buthelezi colaborava com os altos escalões militares e policiais do regime do apartheid no assassinato de milhares de apoiadores do Congresso Nacional Africano (CNA). O Coronel Eugene de Kock, o mais alto oficial condenado por crimes durante o regime do apartheid, que em uma ocasião se descreveu como o mais eficiente assassino do governo, testemunhou que ele forneceu armas, veículos e treinamento para a organização de Buthelezi, para promover uma estratégia de "ataque total" contra as forças democráticas e antiapartheid (matéria da *Associated Press, San Francisco Chronicle*, 18 set. 1996). Não há como negar que Buthelezi é o tipo de cara de Huntington.

Líderes estadunidenses afirmam que se sentem ofendidos com determinadas características de governos revolucionários sociais, como o governo de partido único e a implementação coercitiva das mudanças revolucionárias. Mas a autocracia de partido único é aceitável se o governo for de direita, isto é, simpático a investimentos empresariais privados, como na Turquia, no Zaire, na Guatemala, na Indonésia e em dezenas de outros países (inclusive países comunistas que estão resvalando no caminho do livre mercado, como a China).

Poderíamos nos recordar daquele momento inesquecível, quando o presidente George Bush – líder do império militar estadunidense, a maior fonte de violência no mundo, cujas invasões do Panamá e do Iraque resultaram em morte e destruição para esses países – pontificou ao líder revolucionário Nelson Mandela as virtudes da não violência, ousando até mesmo citar Martin Luther King Jr., durante a visita de Mandela a Washington, D.C., em junho de 1990. O verdadeiro pecado de Mandela aos olhos de Bush é que ele fazia parte de um movimento revolucionário que se envolveu na luta armada contra o regime violentamente repressivo do apartheid na África do Sul. O talento de Bush de ostentar essa percepção seletiva tinha toda a empáfia ignorante de uma ideologia dominante que condena apenas aqueles que agem contra um *status quo* injusto, mas não aqueles que usam a violência para preservá-lo. Teria sido um grande alívio para os povos do mundo se o presidente dos Estados Unidos tivesse adotado uma política de não violência em seu próprio governo. Na verdade, ele não fez nada disso.

A liberdade da revolução

As lideranças político-econômicas estadunidenses podem achar que reformas revolucionárias são indesejáveis, mas a maioria das pessoas que vivem em sociedades revolucionárias as considera preferíveis aos antigos regimes e entende que vale a pena defendê-las. A invasão da Baía dos Porcos, em Cuba, foi um fiasco não em razão da "cobertura aérea insuficiente", mas porque o povo cubano cerrou fileiras atrás de seu governo e repeliu os invasores.

Os norte-vietnamitas, outro "povo aprisionado", agiram de maneira similar no início dos anos 1970. Em vez de tratarem a terrível destruição e os transtornos causados pela guerra aérea dos Estados Unidos contra seu país como uma oportunidade de ouro para se livrar do "jugo de Hanói", eles continuaram a apoiar seu governo sitiado, ainda que isso fosse um enorme sacrifício para si mesmos. E, no Vietnã do Sul, a Frente Nacional de Libertação gozava de oportunidades táticas para fins de abastecimento e ataques-surpresa, em grande medida porque era apoiada pela população no campo e nas cidades.

Durante a era do Vietnã, explicações sobre por que o povo se aliava aos revolucionários comunistas vinham de fontes inesperadas. O embaixador dos Estados Unidos [no Vietnã do Sul], Henry Cabot Lodge, admitiu: "Os únicos que fizeram algo de bom para os homens comuns – para melhorar sua condição de vida – foram os comunistas" (*New York Times*, 27 fev. 1966). Em tom parecido, um disseminador fiel da linha oficial, o colunista James Reston, escreveu com impressionante sinceridade: "Até mesmo o premiê Ky [ditador do Vietnã do Sul patrocinado pelos Estados Unidos] disse hoje a este repórter que os comunistas estavam mais próximos dos desejos da população por justiça social e uma vida independente do que seu próprio governo" (*New York Times*, 1º set. 1965). O que Lodge e Reston esqueceram de dizer foi que os "desejos da população" e dos "homens comuns" por justiça social eram exatamente aquilo que os líderes estadunidenses estavam empenhados em eliminar.

Algumas pessoas concluem que qualquer um que tenha algo positivo a dizer sobre as revoluções de esquerda de partido único deve abrigar sentimentos antidemocráticos ou "stalinistas". Mas aplaudir revoluções sociais não é se opor à liberdade política. Na medida em que os governos revolucionários constroem alternativas substantivas para seus povos, eles aumentam a liberdade e as opções humanas.

Não existe liberdade no abstrato. Existe liberdade para falar abertamente e de maneira iconoclasta, liberdade para organizar uma oposição política, liberdade de oportunidade para obter uma educação e buscar um emprego, liberdade de culto para seguir ou não uma religião, liberdade de viver em condições salubres, liberdade de desfrutar de vários benefícios sociais, e assim por diante. A maior parte do que é chamado de liberdade é definida a partir de um contexto social.

Os governos revolucionários oferecem várias liberdades típicas sem destruir aquelas que jamais existiram nos regimes anteriores. Eles promovem as condições necessárias para a autodeterminação nacional, melhorias econômicas, a preservação da saúde e da vida humana, além do fim de muitas das piores formas de opressão étnica, patriarcal e de classe. Com relação à opressão patriarcal, basta observar a ampla melhoria na condição das mulheres após a revolução no Afeganistão e no Iêmen do Sul antes da repressão contrarrevolucionária na década de 1990, ou em Cuba, depois da revolução de 1959, comparada com o período anterior.

Os formuladores de políticas estadunidenses argumentam que a vitória revolucionária social em qualquer lugar representa uma diminuição da liberdade no mundo. Essa asserção é falsa. A Revolução Chinesa não destruiu a democracia; não havia democracia a ser destruída na opressão do regime feudal. A Revolução Cubana não destruiu a liberdade; destruiu um estado policial odiável patrocinado pelos Estados Unidos. A Revolução Argelina não aboliu liberdades nacionais; havia pouquíssimas delas sob o colonialismo francês. Os revolucionários vietnamitas não revogaram direitos individuais; nenhum desses direitos estava disponível sob os governos fantoches de Bao Dai, Diem e Ky, apoiados pelos Estados Unidos.

Claro, as revoluções limitam as liberdades da burguesia e de outros interesses privilegiados: a liberdade de investir privadamente sem consideração pelos custos humanos e ambientais, a liberdade de viver em uma opulência obscena enquanto se pagam aos trabalhadores salários de fome, a liberdade de tratar o Estado como uma agência privada a serviço de um círculo privilegiado, a liberdade de empregar trabalho e prostituição infantil, a liberdade de tratar mulheres como propriedade pessoal, e assim por diante.

Hoje em dia, ninguém nos círculos políticos dos Estados Unidos está preocupado com a opressão político-econômica sofrida em dezenas de Estados-clientes de direita. Seu desejo declarado de levar a democracia política ocidental para nações que passaram por revoluções raramente se estende a autocracias de livre mercado. E os movimentos relutantes em direção à democracia política ocasionalmente feitos nessas autocracias vêm apenas por meio de pressões e rebeliões populares e somente com o entendimento tácito de que a governança democrática não prejudicará substancialmente os interesses da classe endinheirada.

Qual medida de dor?

A dor da revolução compensa o ganho? A contabilidade de custo-benefício é algo complicado quando aplicado a transições sociais. Mas alguma vez nos preocupamos em comparar a violência da revolução com a violência que a precedia? "Não sei como se faz para mensurar o preço de vitórias históricas", disse Robert Heilbroner, "só sei que a maneira pela qual normalmente fazemos a contabilidade da história está errada." Não contamos as gerações perdidas para aquela combinação de exploração econômica e repressão política tão característica dos antigos regimes: as infelizes vítimas de enchentes e de fome no vale do Yangtzé de outrora, as crianças prostituídas encontradas mortas nos becos estreitos da antiga Xangai, os mujiques [camponeses russos] que sofriam com frio e fome nas estepes congeladas da Rússia.

E nos dias de hoje? Ninguém está contando os milhares de vítimas anônimas que morrem na América Latina nas mãos de torturadores treinados pelos Estados Unidos, as centenas de povoados queimados por forças contrainsurgentes, os milhões que são expulsos de suas terras ancestrais e sentenciados a uma vida permanente de raquitismo e desnutrição, os milhões mais que morrem na miséria desesperada das favelas e dos campos de concentração. O sofrimento deles não é registrado nem incluído no balanço quando a revolução distribui justiça aos antigos oligarcas e opressores ou comete seus próprios excessos e abusos.

E como medimos a dor de dezenas de milhões de crianças no mundo, muitas com apenas seis ou sete anos, que são forçadas a trabalhar setenta horas por semana, confinadas em oficinas mal iluminadas e com pouquíssima ventilação, sob condições que lembram os piores dias da Revolução Industrial? O Acordo Geral de Tarifas e Comércio (GATT)[26], uma lei multinacional abrangente para a promoção do livre comércio e que equivale a uma carta branca para o capitalismo global, não oferece nenhuma proteção para crianças que são exploradas, abusadas, sobrecarregadas e mal pagas. Durante as negociações do GATT, lideranças de países do Terceiro Mundo argumentaram com sucesso contra a colocação de quaisquer restrições ao trabalho infantil, alegando que as crianças sempre trabalharam em suas culturas e que tais práticas tradicionais deveriam ser res-

---

[26] O GATT (1947-1994) foi sucedido pela Organização Mundial do Comércio (OMC) em 1995. (N.E.)

peitadas. Proibir o trabalho infantil limitaria o livre mercado e causaria um terrível sofrimento naquelas pobres famílias nas quais a criança, muitas vezes, é a única que tem alguma renda. Ainda que a antiga prática de crianças ajudarem na lavoura seja aceitável (supondo que elas não trabalhem excessivamente e possam ir à escola), a prática de "trancá-las em fábricas quentes feito uma sauna durante catorze horas por dia" é algo totalmente diferente. Além disso, é possível que elas sejam as únicas a ter alguma renda "porque os adultos foram demitidos em favor de crianças, que podem ser muitíssimo mais exploradas e oferecem lucros maiores para prósperos donos de fábricas" (Anna Quindlen, *New York Times*, 23 nov. 1994).

Viajando por Cuba em 1959, imediatamente após a ditadura de Fulgêncio Batista, apoiada pelos Estados Unidos, ser derrubada, Mike Faulkner testemunhou "o espetáculo de uma pobreza quase absoluta". A população rural vivia em choupanas sem o mínimo saneamento. Crianças subnutridas andavam descalças no chão e sofriam da "conhecida praga de parasitas comum no Terceiro Mundo". Não havia quase nenhum médico nem escolas. Além disso, durante boa parte do ano, as famílias que dependiam exclusivamente da colheita sazonal de açúcar vivam próximas da inanição (*Monthly Review*, mar. 1996). Como esses abusos na Cuba pré-revolucionária se comparam à repressão pós-revolução – veiculada de maneira muito mais ampla –, quando os comunistas de Castro executaram algumas centenas de policiais assassinos e torturadores do regime anterior, levaram vários ricaços a se exilarem e silenciaram vários outros oponentes às reformas radicais?

Atualmente, Cuba é um lugar diferente. Com todos os seus erros e abusos, a Revolução Cubana trouxe saneamento, escolas, clínicas de saúde, empregos, moradia e serviços humanos em um nível não encontrado na maioria do Terceiro Mundo e em muitas partes do Primeiro Mundo. A mortalidade infantil em

Cuba caiu de 60 em 1.000 em 1960 para 9,7 em 1.000 em 1991, ao passo que a expectativa de vida aumentou de 55 para 75 anos no mesmo período. Varíola, malária, tuberculose, tifo, pólio e inúmeras outras doenças foram erradicadas graças à melhora no padrão de vida e aos programas de saúde pública.[27] Cuba tem desfrutado de um nível de alfabetização maior do que o dos Estados Unidos e uma expectativa de vida que não deixa a desejar em relação a nenhuma nação industrializada avançada (NACLA *Report on the Americas*, set./out. 1995). Outros povos, além do cubano, também se beneficiaram. Conforme explica Fidel Castro:

> A revolução [cubana] enviou professores, médicos e trabalhadores para dezenas de países do Terceiro Mundo sem cobrar um centavo. Ela derramou o próprio sangue lutando contra o colonialismo, lutando contra o apartheid e o fascismo... Chegamos a ter 25 mil alunos do Terceiro Mundo com bolsas de estudo em Cuba. Ainda temos muitos bolsistas da África e de outros países. Além disso, nosso país tratou mais crianças [13 mil] vítimas da tragédia de Chernobyl do que todos os outros países juntos.
>
> Eles não falam sobre isso, e é por isso que eles nos bloqueiam – o país com mais professores *per capita* de todos os países do mundo, inclusive países desenvolvidos. O país com mais médicos *per capita* de todos os países [um para cada 214 habitantes]. O país com o maior número de instrutores de artes *per capita* de todos os países do mundo. O país com o maior número de instrutores de esportes no mundo. Isso permite que você tenha uma ideia do esforço envolvido. Um país cuja expectativa de vida é de mais de 75 anos.

---

[27] Theodore MacDonald, *Hippocrates in Havana: Cuba's Health Care System* [Hipócrates em Havana: o sistema de saúde de Cuba] (1995).

> Por que eles bloqueiam Cuba? Porque nenhum outro país fez mais por seu povo. É o ódio às ideias que Cuba representa (*Monthly Review*, jun. 1995).

O pecado de Cuba aos olhos dos capitalistas globais não é sua "falta de democracia". A maioria dos regimes capitalistas do Terceiro Mundo é muito mais repressora. O verdadeiro pecado de Cuba é ter tentado desenvolver uma alternativa ao sistema capitalista global, uma ordem socioeconômica igualitária que colocou a propriedade privada sob controle público, aboliu os investidores capitalistas como uma entidade de classe e colocou as pessoas à frente dos lucros e a independência nacional à frente da servidão ao FMI.

Então, um *think tank* conservador, como a Heritage Foundation, classificou Cuba junto ao Laos, ao Iraque e à Coreia do Norte, como países com o menor nível de "liberdade econômica". Países com um elevado nível de liberdade econômica eram os que não impunham nenhum – ou quase nenhum – imposto ou regulação sobre os negócios e dispensavam proteções salariais, controles de preços, salvaguardas ambientais e benefícios para os pobres. A liberdade econômica é a principal preocupação dos conservadores e plutocratas; a liberdade de utilizar vastas somas de dinheiro para acumular somas ainda maiores, independentemente dos custos humanos e ambientais.

A produtividade em massa, aliada a uma distribuição de renda elitista, resulta em mais riqueza nas mãos de poucos e maior pobreza para a maioria. Assim, após dois séculos de um incrível desenvolvimento tecnológico e uma expansão econômica sem precedentes, o número de pessoas vivendo na pobreza no mundo capitalista cresceu mais rapidamente do que qualquer outro grupo demográfico. A população que vive em favelas no mundo aumentou a uma taxa ainda maior do que a população global total. O crescimento fantástico da produtividade industrial foi acompanhado pelo desespero cada vez maior causado pela carência, miséria e repressão. Em suma, há um vínculo causal entre vastas concentrações de riqueza e pobreza generalizada. Da próxima vez que alguém pregar a ladainha do livre mercado e da produtividade, precisamos perguntar: para benefício de quem e a que custo?

Aqueles que demostram preocupação com a derrubada das elites no turbilhão da revolução também deveriam ter em mente as centenas de milhões que são arruinados pelo reacionarismo. Se houvesse sucesso na repressão de todas as rebeliões hoje e para sempre, a violência da autocracia do livre mercado contra a humanidade estaria entre nós de maneira mais irrefreada do que nunca – como, de fato, está acontecendo. Por esses motivos, aqueles entre nós que genuinamente estão preocupados com a democracia, a justiça social e a sobrevivência do nosso planeta deveriam apoiar as revoluções populares, em vez de se opor a elas.

3. ANTICOMUNISMO DE ESQUERDA

Nos Estados Unidos, por mais de um século, os interesses dominantes disseminaram incansavelmente o anticomunismo entre a população, até que ele se tornasse muito mais uma ortodoxia religiosa do que uma análise política. Durante a Guerra Fria, a estrutura ideológica anticomunista conseguia transformar qualquer aspecto a respeito do socialismo real em algo negativo. Se os soviéticos se recusavam a negociar um ponto, eram intransigentes e beligerantes; se pareciam dispostos a fazer concessões, isso não passava de algum estratagema engenhoso para baixarmos a guarda. Ao se oporem à limitação de armamentos, demonstravam sua intenção agressiva; mas, quando apoiaram tratados de controle de armamentos, era porque eram dissimulados e manipuladores. Se as igrejas na União Soviética estavam vazias, isso demonstrava que a religião fora reprimida; mas, se estivessem cheias, isso significava que as pessoas rejeitavam a ideologia ateísta do regime. Se os trabalhadores entravam em greve (como aconteceu em algumas ocasiões), isso era prova de sua alienação perante o sistema coletivista; se não entravam, era porque se sentiam intimidados e careciam de liberdade. A escassez de bens de consumo demonstrava o fracasso do sistema econômico; uma melhora na oferta de suprimentos significava apenas que os líderes estavam tentando apaziguar uma população impaciente e, desse modo, manter um controle mais firme sobre ela.

Se os comunistas nos Estados Unidos desempenhavam algum papel importante na luta pelos direitos dos trabalhadores, dos pobres, dos afro-estadunidenses e das mulheres, entre outros, isso era apenas uma maneira insidiosa de granjear apoio junto a grupos destituídos e obter poder para eles mesmos. Como alguém conseguia poder lutando pelos direitos de grupos sem poder jamais era explicado. Estamos às voltas com uma ortodoxia não falseável que foi "vendida" de maneira tão implacável pelos interesses dominantes que afetou pessoas de todo o espectro político.

Genuflexão ante a ortodoxia

Muitos na esquerda estadunidense não deixam nada a desejar quando comparados com a direita no que diz respeito à agressividade contra a União Soviética e à hostilidade em relação à esquerda radical. Basta ouvir Noam Chomsky pregando a respeito de "intelectuais da esquerda" que tentam "ascender ao poder nas costas de movimentos populares de massa" e "em seguida, subjugam as pessoas [...]. De modo geral, você começa como um leninista que fará parte da burocracia da esquerda radical. Mais adiante, percebe que o caminho para o poder não é esse e, muito rapidamente, passa a ser um ideólogo da direita [...]. Agora mesmo, estamos vendo isso acontecer na [antiga] União Soviética. Os mesmos sujeitos que eram criminosos comunistas dois anos atrás, agora são diretores de bancos e defensores entusiasmados do livre mercado, além de viverem louvando os estadunidenses" (*Z Magazine*, ou. 1995).

A descrição de Chomsky tem uma enorme dívida para com a mesma cultura política corporativa dos Estados Unidos que ele critica com tanta frequência em relação a outros assuntos. Na cabeça dele, a revolução foi traída por uma camarilha de "delinquentes comunistas" que simplesmente têm fome de poder, em vez de desejarem o poder para acabar com a fome. Na verdade, os comunistas não passaram "muito rapidamente" para a direita, mas lutaram – apesar de um ataque avassalador – para manter o socialismo soviético vivo por mais de setenta anos. Sem dúvida, nos últimos dias da União Soviética, alguns deles, como Boris Iéltsin, migraram para as fileiras capitalistas, mas outros continuaram a resistir contra as incursões do livre mercado a um enorme custo pessoal: muitos acabaram mortos durante a violenta repressão de Iéltsin ao Parlamento russo em 1993.

Alguns militantes de esquerda e outros progressistas retornam ao antigo estereótipo da esquerda radical que apenas busca o poder pelo poder, sem se importar com metas sociais verdadeiras. Ora, se isso realmente fosse verdade, é de se perguntar que benefício teria essa esquerda radical em ficar ao lado dos pobres e dos oprimidos, em inúmeros países, muitas vezes fazendo enormes sacrifícios e correndo riscos consideráveis, em vez de colher as recompensas fáceis que são oferecidas a quem serve as elites.

Durante décadas, muitos escritores e palestrantes de centro--esquerda nos Estados Unidos se sentiram obrigados a estabelecer sua credibilidade ajoelhando-se diante do altar anticomunista e antissoviético, aparentemente incapazes de apresentar um discurso ou escrever um artigo sem deixar de inserir algum ataque à esquerda radical. A intenção era – e continua sendo – manter distância da esquerda marxista-leninista.

Adam Hochschild, um editor e escritor liberal, advertiu aqueles na esquerda que eventualmente não sentissem muito entusiasmo em condenar as sociedades do comunismo real que eles "enfraqueceriam sua credibilidade" (*Guardian*, 23 maio 1984). Em outras palavras, para que pudéssemos ser opositores da Guerra Fria dignos de confiança, primeiro tínhamos de nos unir às condenações da Guerra Fria às sociedades comunistas. Para Ronald Radosh, o movimento pela paz deveria se livrar dos comunistas para que não fosse acusado de ser comunista (*Guardian*, 16 mar. 1983). Se entendi bem o que ele disse, então para nos salvarmos da caça às bruxas anticomunista, nós mesmos deveríamos nos tornar caçadores de bruxas.

Expurgar a esquerda dos comunistas tornou-se prática duradoura, gerando efeitos deletérios em várias causas progressistas.

Por exemplo, em 1949, cerca de doze sindicatos foram excluídos do Congresso de Organizações Industriais (CIO, na sigla em inglês) porque tinham membros da esquerda radical em suas lideranças. O expurgo reduziu a filiação da CIO em cerca de 1,7 milhão de membros e enfraqueceu gravemente seus esforços de recrutamento e influência política. No final da década de 1940, para evitar ser "difamado" como pertencendo à esquerda radical, o grupo supostamente progressista Americans for Democratic Action (ADA) tornou-se uma das organizações mais abertamente anticomunistas.

Apesar disso, a estratégia não funcionou. A direita continuou atacando a ADA e outras organizações na esquerda por serem comunistas ou permissivas com o comunismo. Tanto nessa época quanto agora, muitos na esquerda não conseguiram perceber que aqueles que lutam por mudança social em nome dos elementos menos privilegiados da sociedade serão perseguidos pelas elites conservadoras, sejam eles comunistas ou não. Para os interesses dominantes, não faz a menor diferença se a riqueza e o poder deles estão sendo postos em questão por "comunistas subversivos" ou por "liberais estadunidenses leais". Todos são jogados na mesma vala comum, considerados mais ou menos igualmente abomináveis.

Mesmo quando atacam a direita, os críticos de esquerda não conseguem deixar passar uma oportunidade de exibir suas credenciais anticomunistas. Por exemplo, em um texto crítico ao presidente Ronald Reagan, Mark Green disse que, "quando às voltas com uma situação que desafia seu catecismo conservador – tal como um marxista-leninista inflexível –, em vez de mudar de opinião, [Reagan] altera os fatos".[28] Apesar de professarem uma dedicação à luta contra o dogmatismo "de direita e de es-

---

[28] Mark Green e Gail MacColl, *There He Goes Again: Ronald Reagan's Reign of Error* [Lá vai ele novamente: o reinado de erros de Ronald Reagan] (Nova York: Pantheon Books, 1983), p. 12.

querda", aqueles que fazem essas genuflexões obrigatórias acabam por promover o dogma anticomunista. Ao perseguirem a esquerda radical, esses militantes de esquerda ajudaram a gerar o clima de hostilidade que não apenas proporcionou aos líderes estadunidenses enorme liberdade para travar guerras quentes e frias contra países comunistas, como, atualmente, dificulta a promoção de uma agenda progressista ou até mesmo liberal.

Um modelo de crítico ferrenho da esquerda radical que fingia ser de esquerda era George Orwell. No meio da Segunda Guerra Mundial, enquanto a União Soviética lutava por sua vida contra os invasores nazistas em Stalingrado, Orwell declarou que "o teste de honestidade intelectual era estar disposto a criticar a Rússia e Stálin. É a única atitude realmente perigosa do ponto de vista de um intelectual da literatura" (*Monthly Review*, maio 1983). Protegido no seio de uma sociedade virulentamente anticomunista, Orwell (usando o duplipensar orwelliano) caracterizava a condenação ao comunismo como um ato de insubordinação corajoso e solitário. Hoje em dia, seus descendentes ideológicos continuam ativos, oferecendo-se como intrépidos críticos de esquerda da esquerda, travando uma luta valorosa contra hostes imaginárias de marxistas-leninistas-stalinistas.

A esquerda estadunidense é absolutamente carente de qualquer avaliação racional a respeito da União Soviética, um país que, nos primeiros anos de sua existência, enfrentou uma guerra civil prolongada e uma invasão estrangeira multinacional e que, duas décadas mais tarde, repeliu a invasão e destruiu a besta nazista a um custo enorme para sua população. Nas três décadas após a Revolução Bolchevique, os soviéticos fizeram avanços industriais iguais aos que o capitalismo levou um século para alcançar – ao mesmo tempo que alimentavam e educavam suas crianças, em vez de fazê-las trabalhar catorze horas por dia, como industriais capitalistas fizeram e ainda fazem em muitas partes do mundo. E a União Soviética, assim como a Bulgária, a República Democrática Alemã e Cuba, forneceu auxílio essencial para movimentos de libertação nacional, inclusive para o Congresso Nacional Africano de Nelson Mandela, na África do Sul.

Anticomunistas de esquerda permaneceram completamente indiferentes aos ganhos espetaculares obtidos sob o comunismo por povos anteriormente carentes. Alguns até desdenhavam dessas realizações. Lembro, por exemplo, como, em 1971, em Burlington, Vermont, um conhecido anarquista anticomunista, Murray Bookchin, referia-se de maneira sarcástica à minha preocupação com as "pobres criancinhas que foram alimentadas sob o comunismo" (suas palavras).

A distribuição de rótulos

Aqueles entre nós que nos recusávamos a participar da crítica ferrenha aos soviéticos eram chamados pelos anticomunistas de esquerda de "apologistas soviéticos" e "stalinistas", ainda que não gostássemos nem de Stálin nem de seu sistema de governo autocrático e acreditássemos que havia coisas realmente problemáticas na sociedade soviética.[29] Nosso verdadeiro pecado era que, diferentemente de muitos na esquerda, nos recusávamos a engolir acriticamente a propaganda disseminada pela

---

[29] Na primeira edição do meu livro *Inventing Reality* [Realidade inventada] (Nova York: St. Martin's Press, 1986), escrevi: "A negatividade abrangente da mídia estadunidense em relação à União Soviética poderia induzir alguns de nós a reagir com uma visão absolutamente cor-de-rosa dessa sociedade. A verdade é que, na União Soviética, existem sérios problemas de produtividade da mão de obra, industrialização, urbanização, burocracia, corrupção e alcoolismo. Existem gargalos na produção e na distribuição, falhas de planos, escassez de bens de consumo, abusos de poder criminosos, repressão de dissidentes e expressões de alienação entre algumas pessoas na população".

mídia estadunidense a respeito de sociedades comunistas. Em vez disso, argumentávamos que, além das deficiências e injustiças bem conhecidas, o socialismo real apresentava aspectos positivos que valiam a pena preservar, que melhoraram as vidas de centenas de milhões de pessoas de maneiras significativas e humanizantes. Essa abordagem tinha um efeito decididamente perturbador nos anticomunistas de esquerda, os quais, além de não conseguirem mencionar uma única palavra positiva a respeito de nenhuma sociedade comunista (exceto, talvez, Cuba), não conseguiam sequer dar a essas sociedades o benefício da dúvida nem tolerar qualquer um que o fizesse.[30]

Impregnados pela ortodoxia anticomunista, a maioria dos militantes de esquerda estadunidenses praticava um macarthismo de esquerda contra pessoas que tivessem algo de positivo a falar sobre o socialismo real, excluindo-as da participação de conferências, conselhos consultivos, endossos políticos e publicações de esquerda. De maneira idêntica aos conservadores, os anticomunistas de esquerda não toleravam nada que não fosse uma condenação generalizada da União Soviética como uma monstruosidade stalinista e uma aberração moral leninista.[31]

---

[30] Muitos na esquerda estadunidense que demonstravam apenas hostilidade e desprezo em relação à União Soviética e a outros países comunistas europeus nutrem simpatia por Cuba, que veem como um país de tradição verdadeiramente revolucionária e, de certo modo, uma sociedade mais aberta. De fato, pelo menos até o momento (janeiro de 1997), o sistema em Cuba tem sido idêntico ao da União Soviética e ao de outros países comunistas: propriedade pública dos meios de produção, economia planejada, relações próximas com os países do socialismo real, governo de partido único – com o partido desempenhando um papel hegemônico no governo, na mídia, em sindicatos trabalhistas, federações de mulheres, grupos de jovens, além de outras instituições.

[31] Em parte como reação à propaganda anticomunista onipresente

O fato de muitos militantes de esquerda estadunidenses não estarem familiarizados com os textos e as obras políticas de Lênin não os impede de sair distribuindo o rótulo de "leninista". Noam Chomsky, fonte incansável de caricaturas anticomunistas, tece o seguinte comentário sobre o leninismo: "Os intelectuais do Ocidente e também do Terceiro Mundo foram atraídos pela contrarrevolução [*sic*] bolchevique porque o leninismo é, afinal de contas, uma doutrina que diz que a intelectualidade radical tem o direito de tomar o poder do Estado e governar seus países na base da força, e essa é uma ideia muito atraente para intelectuais."[32] Aqui, Chomsky molda uma imagem de intelectuais sedentos por poder, combinando com a imagem caricatural de leninistas sedentos por poder, facínoras em busca não dos meios revolucionários de lutar contra a injustiça, mas do poder pelo poder. Na hora de perseguir a esquerda radical, alguns dos melhores e mais brilhantes nomes da esquerda soam não muito melhor do que o que há de pior na direita.

Em 1996, quando houve o atentado a bomba em Oklahoma City, ouvi um comentarista anunciar no rádio: "Lênin disse que a finalidade do terror é aterrorizar". Os comentaristas da mídia estadunidense muitas vezes citam Lênin dessa maneira equivocada. Na verdade, a declaração do revolucionário russo era no sentido de *rejeitar* o terrorismo. Ele estava se opondo a atos terroristas isolados, que não levam a nada, a não ser criar terror

---

que permeava a mídia e a vida pública dos Estados Unidos, muitos comunistas estadunidenses e outros próximos deles abstinham-se de criticar as características autocráticas da União Soviética. Por isso, eram acusados de acreditar que a União Soviética era um "paraíso" dos trabalhadores por críticos que, aparentemente, não se satisfariam com nada a não ser padrões paradisíacos. Após as revelações de Khrushchov, em 1953, os comunistas estadunidenses relutantemente admitiram que Stálin havia cometido "erros" e até mesmo crimes.

[32] Chomsky entrevistado por Husayn Al-Kurdi: *Perception*, mar./abr. 1996.

entre a população, convidar a repressão e alienar o movimento revolucionário das massas. Longe de ser o conspirador totalitário, fechado em um pequeno círculo, Lênin era abertamente um defensor da criação de amplas coalizões e organizações de massa, englobando pessoas que se encontravam em vários níveis de desenvolvimento político. Ele defendia a adoção de qualquer meio diverso que fosse necessário para promover a luta de classes, inclusive a participação em eleições parlamentares e nos sindicatos existentes. Sem dúvida, para conseguir travar uma luta revolucionária bem-sucedida, a classe trabalhadora, como qualquer grupo de massa, precisava de organização e liderança, papel a ser desempenhado por um partido de vanguarda, mas isso não significava que a revolução proletária podia ser travada e vencida por golpistas ou terroristas.

Lênin teve de lidar constantemente com o problema de evitar dois extremos: o oportunismo burguês liberal e o aventureirismo da ultraesquerda. Apesar disso, ele é constantemente identificado como um golpista da ultraesquerda pelos jornalistas da grande imprensa e por algumas pessoas na esquerda. Saber se, atualmente, a abordagem de Lênin referente à revolução é desejável ou até mesmo relevante é uma questão que merece um exame crítico. Porém, é pouco provável que uma avaliação útil venha de pessoas que distorcem a teoria e a prática leninistas.[33]

Os anticomunistas de esquerda consideram moralmente inaceitável qualquer associação com organizações comunis-

---

[33] Indico ao leitor os seguintes livros de Lênin: *O Estado e a revolução*, *Esquerdismo: doença infantil do comunismo* e *O que fazer?*, além de vários artigos e declarações disponíveis em coletâneas. Ver também como John Ehrenberg aborda o marxismo-leninismo em seu livro *The Dictatorship of the Proletariat, Marxism's Theory of Socialist Democracy* [A ditadura do proletariado, teoria de democracia socialista do marxismo] (Nova York: Routledge, 1992).

tas em razão dos "crimes do comunismo". No entanto, muitos deles são ligados ao Partido Democrata neste país, seja como eleitores, seja como membros filiados, e aparentemente não parecem estar preocupados com os crimes políticos moralmente inaceitáveis cometidos por líderes dessa organização. Durante administrações democratas, 120 mil nipo-estadunidenses foram arrancados de suas casas e empregos e atirados em campos de detenção; bombas atômicas foram lançadas em Hiroshima e Nagasaki com enorme perda de vidas inocentes; o FBI recebeu autorização para se infiltrar em grupos políticos; a Lei Smith foi usada para aprisionar líderes do Partido dos Trabalhadores Socialistas Trotskistas por suas crenças políticas; campos de detenção foram criados para aprisionar dissidentes políticos em caso de "emergência nacional"; durante o final da década de 1940 e na década de 1950, 8 mil funcionários públicos federais foram expurgados do governo por conta de suas conexões e pontos de vista políticos, e outros milhares, das mais diversas origens, foram perseguidos e tiveram suas carreiras profissionais interrompidas; a Lei da Neutralidade foi usada para impor um embargo à República Espanhola, beneficiando as legiões fascistas de Franco; programas de contrainsurgência homicidas foram iniciados em vários países do Terceiro Mundo; e a Guerra do Vietnã foi levada a cabo e ampliada. Além disso, durante a maior parte do último século, a liderança do Partido Democrata no Congresso protegeu a segregação racial e bloqueou todos os projetos de lei antilinchamento e de emprego justo. Ainda assim, todos esses crimes, que arruinaram e mataram milhares de pessoas, não fizeram com que liberais, sociais-democratas nem "socialistas democráticos" anticomunistas insistissem reiteradamente para que fizéssemos condenações generalizadas ao Partido Democrata ou ao sistema político que o produziu, certamente não com o fervor intolerante reservado ao socialismo real.

Socialismo puro x socialismo sitiado

Segundo alguns militantes de esquerda estadunidenses, as revoltas no Leste Europeu não representaram uma derrota para o socialismo porque o socialismo nunca existiu nesses países. Eles dizem que o que os Estados comunistas ofereciam nunca passou de "capitalismo de Estado" burocrático e de partido único, ou algo assim. Chamarmos ou não os antigos países comunistas de "socialistas" é uma questão de definição. Basta dizer que eles constituíam algo diferente do que existia no mundo capitalista voltado ao lucro – como os próprios capitalistas rapidamente reconheceram.

Em primeiro lugar, nos países comunistas, *havia menos desigualdade econômica do que sob o capitalismo.* Os benefícios desfrutados pelas elites governamentais e partidárias eram módicos comparados aos padrões de CEOs de empresas ocidentais, assim como eram modestas suas rendas pessoais e estilos de vida. Os líderes soviéticos, como Iúri Andropov e Leonid Brejnev, não moravam em mansões ricamente ornamentadas, como a Casa Branca, mas em apartamentos relativamente grandes em um complexo habitacional próximo ao Kremlin reservado para lideranças governamentais. Eles tinham limusines à disposição (como a maioria dos chefes de Estado) e acesso a grandes dachas, onde entretinham dignitários que porventura estivessem visitando o país. Porém, não desfrutavam da imensa riqueza pessoal que a maioria dos líderes estadunidenses possui.

A "vida luxuosa" gozada pelas lideranças partidárias da Alemanha Oriental, conforme amplamente divulgado na imprensa dos Estados Unidos, incluía um abono anual equivalente a 725 dólares estadunidenses em moeda forte, e moradia em um residencial exclusivo nos arredores de Berlim, que dispunha de sauna, piscina coberta e academia de ginástica compartilhadas por todos os moradores. Além disso, também podiam comprar em lojas que tinham artigos ocidentais, como bananas, *jeans* e produtos eletrônicos japoneses. A imprensa dos Estados Unidos jamais disse que os cidadãos comuns da Alemanha Oriental tinham acesso a academias de ginástica e piscinas públicas tampouco que podiam comprar *jeans* e produtos eletrônicos (embora, normalmente, não os importados). O consumo "de luxo" desfrutado pela liderança da Alemanha Oriental estava a léguas de distância do estilo de vida verdadeiramente nababesco desfrutado pela plutocracia ocidental.

Em segundo lugar, nos países comunistas, *as forças produtivas não estavam organizadas para promover ganhos de capital e enriquecimento privado; a propriedade pública dos meios de produção substituiu a propriedade privada*. Ninguém podia contratar outras pessoas nem acumular enorme riqueza pessoal com base no trabalho alheio. Novamente, na comparação com os padrões ocidentais, as diferenças salariais e de níveis de poupança entre a população eram geralmente modestas. Na União Soviética, por exemplo, a diferença entre o salário mais alto e o mais baixo era de aproximadamente cinco para um. Nos Estados Unidos, a diferença de renda anual entre multibilionários e trabalhadores pobres está mais próxima de 10 mil para 1.

Em terceiro lugar, *dava-se prioridade aos serviços humanos.* Embora a vida sob o comunismo deixasse muito a desejar, e os serviços raramente fossem os melhores, os países comunistas realmente garantiam a seus cidadãos um padrão mínimo de segurança e sobrevivência econômicas, os quais incluíam a garantia de educação, emprego, moradia e assistência médica.

Em quarto lugar, *as nações comunistas não visavam promover uma penetração de capital em outros países.* Na ausência da motivação do lucro como força motora e, portanto, não havendo necessidade de constantemente descobrir novas oportunidades de investimento, eles não expropriavam as terras, os mercados de trabalho nem os recursos naturais de países mais frágeis, isto é, não praticavam o imperialismo econômico. Os termos das relações comerciais e da ajuda oferecidos pela União Soviética eram geralmente favoráveis para os países do Leste Europeu, além da Mongólia, de Cuba e da Índia.

Em maior ou menor grau, todos esses itens mencionados anteriormente faziam parte dos princípios organizacionais do sistema comunista. Nada disso se aplica a países onde impera o livre mercado, como Honduras, Guatemala, Tailândia, Coreia do Sul, Chile, Indonésia, Zaire, Alemanha ou Estados Unidos.

Mas um socialismo autêntico, argumenta-se, seria controlado pelos próprios trabalhadores por meio da participação direta, em vez de ser controlado por leninistas, stalinistas, fidelistas ou outras cabalas de homens maus, mal-intencionados, sedentos de poder, que traíram as revoluções. Infelizmente, essa visão de "socialismo puro" é a-histórica e não falseável; ela não pode ser testada contra a realidade da história. Ela compara um ideal com uma realidade imperfeita, e a realidade sempre chega em segundo lugar. Ela imagina como o socialismo seria em um mundo muito melhor do que este aqui, em que não seria necessária a existência de um aparato de segurança nem de uma estrutura estatal forte, em que nenhum valor produzido pelos trabalhadores precisaria ser expropriado para reconstruir a sociedade e defendê-la contra invasões e sabotagens internas.

As expectativas ideológicas dos socialistas puros permanecem imaculadas perante a realidade existente. Eles não explicam como as várias funções de uma sociedade revolucionária seriam organizadas, como ataques externos e sabotagem interna seriam combatidos, como a burocracia seria evitada, recursos escassos alocados, diferenças políticas resolvidas, prioridades definidas nem como seriam conduzidas a produção e a distribuição. Em vez disso, eles apresentam declarações vagas sobre como os trabalhadores terão a propriedade direta e controlarão os meios de produção e alcançarão as próprias soluções por meio de disputas criativas. Não surpreende, portanto, que os socialistas puros apoiem qualquer revolução, menos as que tiveram êxito.

Os socialistas puros visionavam uma nova sociedade que criaria e seria criada por novas pessoas, uma sociedade tão transformada em suas bases que daria pouca chance para atos ilícitos, corrupção e abusos criminosos do poder estatal. Não haveria burocracia nem camarilhas, nenhum conflito violento nem decisões dolorosas. Quando a realidade se mostra diferente e mais difícil, alguns membros da esquerda passam a condenar a experiência real e anunciam que "se sentem traídos" por essa ou aquela revolução.

Os socialistas puros veem o socialismo como um ideal que foi conspurcado pela venalidade, duplicidade e pelo desejo de poder comunistas. Eles se opõem ao modelo soviético, mas oferecem poucos argumentos quando se trata de demonstrar que outras alternativas poderiam ter sido adotadas, que outros modelos de socialismo – não criados a partir da imaginação de alguém, mas concebidos por meio de uma experiência histórica real – poderiam ter sido desenvolvidos e funcionado melhor. Um socialismo aberto, plural e democrático seria realmente possível nessa conjuntura histórica? Os fatos históricos sugeririam que não. Conforme argumentou o filósofo político Carl Shames:

> Como [os críticos de esquerda] sabem que o problema fundamental era a "natureza" dos partidos [revolucionários] dirigentes em vez de, digamos, a concentração global de capital que está destruindo economias independentes e colocando um fim à soberania nacional em todo o mundo? E, na medida em que o problema fosse esse [isto é, da "natureza" deles], qual seria a origem dessa "natureza"? Essa "natureza" seria incorpórea, desconectada do tecido da própria sociedade, dos impactos das relações sociais sobre ela? [...] Milhares de exemplos poderiam ser encontrados

> nos quais a centralização de poder foi uma escolha necessária para assegurar e proteger relações socialistas. Na minha observação [de sociedades do socialismo real], os aspectos positivos do "socialismo" e os negativos da "burocracia, autoritarismo e tirania" interpenetraram-se em praticamente todas as esferas da vida. (Carl Shames, correspondência para mim, 15 jan. 1992)

Normalmente, os socialistas puros culpam a própria esquerda a cada derrota por ela sofrida. As críticas *a posteriori* deles são infinitas. Assim, ouvimos que as lutas revolucionárias fracassam porque seus líderes demoram a agir ou agem muito cedo, são muito tímidos ou muito impulsivos, muito teimosos ou facilmente influenciáveis. Ouvimos que as lideranças revolucionárias são permissivas ou são aventureiras, são burocráticas ou são oportunistas, são rigidamente organizadas ou são insuficientemente organizadas, são antidemocráticas ou então carecem de liderança forte. Mas sempre as lideranças fracassam porque não confiam nas "ações diretas" dos trabalhadores, os quais, aparentemente, aguentariam e superariam qualquer adversidade, bastando apenas que contassem com o tipo de liderança disponível na própria camarilha dos críticos de esquerda. Infelizmente, esses críticos parecem incapazes de aplicar a própria genialidade para produzir movimentos revolucionários exitosos em seus próprios países.

Tony Febbo questionou essa síndrome dos socialistas puros de culpar a liderança:

> Uma coisa que me ocorre é que, quando pessoas tão inteligentes, diferentes, dedicadas e heroicas como Lênin, Mao, Fidel Castro, Daniel Ortega, Ho Chi Minh e Robert Mugabe – bem como os milhões de pessoas heroicas que as seguiram e lutaram com elas – acabam mais ou menos no mesmo lugar, então, há algo maior ocorrendo do que simplesmente quem tomou qual decisão em

qual reunião. Ou qual o tamanho das casas para onde eles foram depois da reunião. [...]

Esses líderes não estavam em um vácuo. Eles estavam no olho do furacão. E a pressão, a força, o poder que os jogavam para todos os lados sacudiram o planeta e o deixaram mutilado por mais de novecentos anos. Portanto, culpar esta ou aquela teoria ou este ou aquele líder é um substituto simplório para o tipo de análise que marxistas [deveriam fazer]. (*Guardian*, 13 nov. 1991)

Sem dúvida, não é totalmente correto dizer que os socialistas puros não têm agendas específicas para construir a revolução. Depois que os sandinistas derrubaram a ditadura de Somoza na Nicarágua, um grupo da ultraesquerda no país defendeu que os trabalhadores deveriam ter a propriedade direta das fábricas. Os trabalhadores armados tomariam controle da produção sem o benefício de gerentes, planejadores do Estado, burocratas ou um aparato militar formal. Embora seja inegável que esse sindicalismo de trabalhadores seja atraente, ele nega as necessidades do poder estatal. Sob um arranjo desses, a Revolução Sandinista não teria durado dois meses diante da contrarrevolução patrocinada pelos Estados Unidos que brutalizou o país. Ela não conseguiria mobilizar recursos suficientes para cuidar de um Exército, tomar medidas de segurança ou construir e coordenar programas econômicos e serviços humanos em escala nacional.

Descentralização x sobrevivência

Para que uma revolução popular sobreviva, ela precisa tomar o poder do Estado e usá-lo para: (a) acabar com o estrangulamento exercido pela classe proprietária sobre as instituições e os recursos da sociedade; e (b) aguentar o contra-ataque reacionário que certamente virá. Os perigos internos e externos enfrentados pela revolução tornam necessária a existência de um poder estatal centralizado, algo que não é particularmente do agrado de ninguém: não foi na Rússia Soviética em 1917 nem na Nicarágua Sandinista em 1980.

Engels oferece um relato pertinente de uma revolta na Espanha em 1872-1873, na qual anarquistas tomaram o poder em algumas municipalidades ao redor do país. Inicialmente, a situação parecia promissora. O rei havia abdicado, e o governo burguês não conseguiu reunir mais do que poucos milhares de tropas mal treinadas. No entanto, essa força medíocre prevaleceu porque enfrentou uma rebelião completamente paroquial. "Cada cidade se proclamou um cantão soberano e estabeleceu um comitê (junta) revolucionário", escreveu Engels. "[C]ada cidade agiu por conta própria, declarando que o que importava não era a cooperação com outras cidades, mas a separação entre elas, impedindo, assim, qualquer possibilidade de um ataque combinado [contra as forças burguesas]." Foram "a fragmentação e o isolamento das forças revolucionárias que permitiram que as tropas governamentais esmagassem uma revolta após a outra".[34]

---

[34] Marx, Engels e Lênin, *Anarchism and Anarcho-Syndicalism: Selected Writings* [Anarquismo e anarcossindicalismo: textos selecionados] (Nova York: International Publishers, 1972), p. 139. Em sua biografia de Louise Michel, a historiadora anarquista Edith Thomas afirma que o anarquismo é "a ausência de governo, a administração direta pelas pessoas de suas próprias vidas". Quem não gostaria disso? Thomas não diz como isso funcionaria, apenas afirma que os "anarquistas querem isso já, no meio de toda confusão e desordem do agora". Ela observa com orgulho que o anarquismo "ainda é uma ideia pura, porque jamais foi testada". É esse exatamente o problema. Por que, em tantas centenas de rebeliões reais, inclusive as lideradas pelos próprios anarquistas, o anarquismo nunca foi testado nem nunca conseguiu sobreviver durante tempo algum em sua forma de anarquismo "puro"? (Na revolta anarquista descrita por Engels, os rebeldes, em aparente violação de sua

A autonomia provinciana descentralizada é o túmulo da insurgência – o que pode explicar por que nunca houve uma revolução anarcossindicalista bem-sucedida. Idealmente, seria ótimo ter apenas a participação local e autodirigida de trabalhadores, com burocracia e forças policiais e militares mínimas. Provavelmente, esse teria sido o desenvolvimento do socialismo, se lhe tivesse sido permitido se desenvolver livre de ataques e de subversão contrarrevolucionária.

É bom lembrarmos como, em 1918-1920, catorze países capitalistas, inclusive os Estados Unidos, invadiram a Rússia Soviética em uma tentativa sangrenta, mas infrutífera, de derrubar o governo revolucionário bolchevique. Os anos de invasão estrangeira e de guerra civil tiveram grande importância para intensificar a psicologia de cerco dos bolcheviques, com seu compromisso com a unidade partidária rígida e um aparato de segurança repressor. Assim, em maio de 1921, o mesmo Lênin que havia encorajado a prática de democracia partidária interna e que se opusera a Trótski, a fim de propiciar aos sindicatos maior grau de autonomia, agora pedia o fim da Oposição dos Trabalhadores e outros agrupamentos faccionais dentro do partido.[35] "Chegou a hora", ele disse a um igualmente entusiasmado

---

própria ideologia, não confiaram na "administração direta pelo povo" de Thomas, mas instituíram juntas governamentais.) A qualidade não experimentada e inatingível do ideal permite que ele retenha seu apelo de ser "melhor do que qualquer coisa" na mente de algumas pessoas.

[35] Trótski estava entre as lideranças bolcheviques mais autoritárias e menos inclinadas a tolerar a autonomia organizacional, pontos de vista diversos e democracia partidária interna. Mas, no outono de 1923, encontrando-se em uma posição minoritária, derrotado por Stálin e outros, Trótski desenvolveu um repentino compromisso com procedimentos partidários abertos e democracia dos trabalhadores. Desde então, tem sido louvado por alguns seguidores como um democrata antistalinista.

Décimo Congresso do partido, "de dar um fim à oposição, de controlá-la: já tivemos oposição demais." As disputas abertas e as tendências conflitantes dentro e fora do partido, segundo o que os comunistas concluíram, criavam uma aparência de divisão e fragilidade que atraía ataques de inimigos formidáveis.

Apenas um mês antes, em abril de 1921, Lênin havia defendido uma maior representação dos trabalhadores no Comitê Central do partido. Em suma, ele havia passado a ser antioposição, não antitrabalhadores. Aqui estava uma revolução social – como todas as outras – que não teve permissão para desenvolver sua vida política e material de maneira desimpedida.[36]

Ao fim da década de 1920, os soviéticos se viram às voltas com duas opções: (a) seguir em uma direção ainda mais centralizada, com economia de comando e coletivização agrária forçada, além de uma industrialização à máxima velocidade sob uma liderança partidária autocrática e "comandista", o caminho adotado por Stálin; ou (b) seguir em uma direção liberalizada, permitindo maior diversidade política, maior autonomia para sindicatos e outras organizações, crítica e debate mais abertos, maior autonomia entre as várias repúblicas soviéticas, um setor de pequenas empresas de propriedade privada, desenvolvimento agríco-

---

[36] Com relação aos vários anos antes de 1921, o sovietólogo Stephen Cohen escreve: "A experiência da guerra civil e do comunismo de guerra alteraram profundamente tanto o partido quanto o sistema político emergente". Outros partidos socialistas foram expulsos dos sovietes. E as "normas democráticas [...] além do perfil reformista e quase libertário" do Partido Comunista deram lugar a um "autoritarismo rígido e uma 'militarização' generalizada". Boa parte do controle popular exercido pelos comitês de fábrica e sovietes locais foi eliminada. Nas palavras de uma liderança bolchevique: "A república é um acampamento armado". Ver *Bukharin and the Bolshevik Revolution* [Bukhárin e a Revolução Bolchevique] de Cohen (Nova York: Oxford University Press, 1973), p. 79.

la independente para o campesinato, maior ênfase em bens de consumo e menor esforço para o tipo de acumulação de capital necessária para desenvolver uma sólida base industrial-militar.

Acredito que a segunda opção teria produzido uma sociedade mais confortável, mais humana e mais funcional. O socialismo sitiado teria dado lugar ao socialismo do tipo trabalhador-consumidor. O único problema é que o país teria corrido o risco de não conseguir aguentar a investida nazista. Em vez disso, a União Soviética embarcou em uma industrialização forçada e rigorosa. Muitas vezes, essa política é mencionada como um dos crimes cometidos por Stálin contra a população.[37] Ela consistiu principalmente na construção, em uma década, de uma base industrial enorme e completamente nova a leste dos Montes Urais, no meio das estepes áridas, o maior complexo siderúrgico da Europa, em preparação a uma invasão do Ocidente. "O dinheiro era gasto como água, homens congelaram, passaram fome e sofreram, mas a construção seguiu, aliando um desprezo pelas pessoas a um heroísmo generalizado raramente visto na história."[38]

A profecia de Stálin de que a União Soviética tinha apenas dez anos para fazer o que os britânicos fizeram em um século provou-se correta. Em 1941, quando houve a invasão nazista, aquela mesma base industrial, protegida a milhares de quilômetros do fronte, produziu as armas de guerra que acabaram por virar a maré. O custo dessa sobrevivência incluiu 22 milhões de cidadãos soviéticos que pereceram na guerra, além de sofrimen-

---

[37] Para dar um dos inúmeros exemplos, recentemente Roger Burbach culpou Stálin por "lançar precipitadamente a União Soviética no caminho da industrialização"; ver sua correspondência, *Monthly Review*, março de 1996, p. 35.

[38] John Scott, *Behind the Urals, an American Worker in Russia's City of Steel* [Atrás dos Urais, um operário estadunidense na cidade de aço da Rússia] (Boston: Houghton Mifflin, 1942).

to e devastação incomensuráveis, com reverberações que prejudicariam a União Soviética por décadas após o conflito.

Isso não quer dizer que tudo o que Stálin fez fosse uma necessidade histórica. As exigências da sobrevivência revolucionária não "tornaram inevitável" a execução impiedosa de centenas de lideranças da velha guarda bolchevique, o culto à personalidade de um líder supremo que declarava que cada ganho revolucionário era uma realização sua, a supressão da vida política partidária por meio do terror, o subsequente silenciamento do debate referente ao ritmo da industrialização e da coletivização, a regulação ideológica de toda a vida cultural e intelectual e as deportações em massa de nacionalidades "suspeitas".

Os efeitos transformadores do ataque contrarrevolucionário foram sentidos em outros países. Uma oficial das Forças Armadas sandinistas que conheci em Viena em 1986 observou que os nicaraguenses "não eram um povo guerreiro", mas tiveram de aprender a lutar porque estavam enfrentando uma guerra destrutiva, mercenária e patrocinada pelos Estados Unidos. Ela lamentou o fato de que o embargo e a guerra forçaram seu país a postergar a maior parte de sua agenda socioeconômica. Tal como na Nicarágua, isso ocorreu em Moçambique, em Angola e em inúmeros outros países nos quais forças mercenárias financiadas pelos Estados Unidos destruíram plantações, povoados, centros de saúde e usinas elétricas, ao mesmo tempo que assassinavam e matavam de fome centenas de milhares de pessoas – o bebê revolucionário foi estrangulado no berço ou atacado impiedosamente até ficar ensanguentado e irreconhecível. Essa realidade deveria receber pelo menos tanto reconhecimento quanto a repressão de dissidentes nesta ou naquela sociedade revolucionária.

A derrubada dos governos comunistas soviéticos e do Leste Europeu foi saudada por muitos intelectuais da esquerda. Agora, a democracia teria sua chance. As pessoas estariam livres do jugo comunista, e a esquerda estadunidense ficaria livre dos grilhões do socialismo real, ou, como descreveu o teórico de esquerda Richard Lichtman, "livre do íncubo da União Soviética e do súcubo da China comunista".

Na verdade, a restauração capitalista no Leste Europeu enfraqueceu seriamente as numerosas lutas de libertação do Terceiro Mundo que recebiam ajuda da União Soviética e deu origem a uma nova safra de governos de direita, os quais passaram a trabalhar em sintonia fina com os contrarrevolucionários globais estadunidenses ao redor do mundo.

Além disso, a derrubada do comunismo acendeu a luz verde para os impulsos exploradores desenfreados dos interesses empresariais ocidentais. Sem mais precisar convencer os trabalhadores de que eles vivem melhor que seus homólogos na Rússia, e não mais limitados por um sistema concorrente, a classe empresarial vem eliminando as várias conquistas obtidas pela classe trabalhadora no Ocidente ao longo dos anos. Agora que o livre mercado, em sua forma mais cruel, emerge triunfante no Leste Europeu, ele predominará da mesma forma no Ocidente. O "capitalismo com uma face humana" está sendo substituído pelo "capitalismo descarado". Conforme disse Richard Levins: "Assim, na nova agressividade exuberante do capitalismo mundial, vemos aquilo que os comunistas e seus aliados tinham mantido à distância" (*Monthly Review*, set. 1996).

Jamais tendo entendido o papel que as potências comunistas desempenhavam em mitigar os piores impulsos do capitalismo e do imperialismo ocidentais e tendo percebido o comunismo apenas como um mal consumado, os anticomunistas de esquerda não previram as perdas que estavam por vir. Alguns deles ainda não entenderam isso.

4. O COMUNISMO NO PAÍS DAS MARAVILHAS

Os vários países comunistas apresentavam sérias deficiências sistêmicas. Embora esses problemas internos fossem enormemente exacerbados pelas ameaças militares e de destruição impostas pelas potências ocidentais capitalistas, havia várias dificuldades que pareciam inerentes ao próprio sistema.

Ineficiência premiada

Todos os países comunistas sofriam com rígidos sistemas de comando econômico.[39] A planificação centralizada foi útil e até mesmo necessária no período inicial do socialismo sitiado para produzir aço, trigo e tanques, a fim de desenvolver uma base industrial e resistir à invasão nazista. Mas ela acabou obstruindo o crescimento e o desenvolvimento tecnológico e provou-se incapaz de fornecer uma gama ampla o bastante de bens de consumo e serviços. Não se conseguia conceber nenhum sistema computadorizado que moldasse de maneira precisa economias complexas e abrangentes. Nenhum sistema conseguiria reunir e processar a imensa gama de informações detalhadas necessárias para tomar decisões corretas sobre milhões de tarefas de produção.

O planejamento de cima para baixo engessou a iniciativa por todo o sistema. A estagnação era evidente no fracasso do setor industrial soviético em aplicar as inovações da revolução científico-tecnológica das décadas de 1970 e 1980, inclusive o uso de

---

[39] Embora apresentada no pretérito, a discussão a seguir também se aplica aos poucos países comunistas restantes ainda existentes.

tecnologia da informação. Embora os soviéticos produzissem muitos dos melhores matemáticos, físicos e outros cientistas do mundo, uma parte mínima do trabalho deles encontrava aplicação real. Conforme Mikhail Gorbatchov reclamou perante o 28º Congresso do Partido Comunista em 1990: "Não podemos mais tolerar o sistema de gestão que rejeita o progresso científico e tecnológico e novas tecnologias, está compromissado com a ineficiência de custos e gera dissipação e desperdício".

Não basta denunciar a inépcia, é preciso também tentar explicar por que ela continuou acontecendo, apesar dos repetidos apelos de líderes – até mesmo de Stálin, que ficava enfurecido com burocratas oportunistas. Uma explicação para o fracasso do sistema de gestão pode ser encontrada no próprio sistema, que criava *desincentivos* para a inovação:

1. Os gerentes tinham pouca vontade de buscar caminhos tecnológicos que poderiam levar à sua própria obsolescência. Muitos deles não eram competentes nas novas tecnologias e deveriam ter sido substituídos.

2. Os gerentes não recebiam premiações por correr riscos. Havendo ou não o desenvolvimento de inovações tecnológicas, eles mantinham seus cargos, tal como ocorria no caso de seus superiores e dos planejadores centrais.

3. Os materiais necessários para a mudança tecnológica não estavam prontamente disponíveis. Como os insumos eram determinados pelo planejamento, e como todos os materiais e mão de obra estavam completamente compromissados, era difícil direcionar recursos para uma produção inovadora. Além disso, a experimentação aumentava os riscos de fracasso no cumprimento de cotas individuais.

4. Não havia incentivo para as empresas produzirem equipamentos melhores para outras, já que isso não resultava em nenhum benefício para ela mesma. Muito pelo contrário, fre-

quentemente, sob pressão para obter resultados quantitativos, os administradores deixavam de lado a qualidade.

5. Havia escassez de peças de reposição. Tanto para a produção industrial quanto para bens de consumo de uso durável. Como os planejadores principais definiam preços artificialmente baixos para peças de reposição, raramente as fábricas conseguiam produzi-las de maneira eficiente em termos de custos.

6. Como os produtores não pagavam preços reais por matérias-primas, combustíveis e outros insumos, as empresas muitas vezes usavam-nos de maneira ineficiente.

7. A capacidade produtiva era subutilizada. Problemas de distribuição levavam a um excesso de estoques não utilizados. Em razão de envios irregulares, havia uma tendência de acumular mais do que poderia ser alocado na produção, o que ampliava ainda mais a escassez.

8. Melhorias na produção levavam apenas a um aumento nas cotas de produção. De fato, fábricas bem administradas eram punidas com cargas de trabalho maiores. Aquelas que tinham um desempenho ruim eram premiadas com cotas menores e subsídios estatais.

A irresponsabilidade dos administradores era um problema tanto na agricultura quanto na indústria. O comentário de um agricultor vietnamita poderia descrever a situação na maioria dos outros países comunistas: "A lição dolorosa da criação de cooperativas [agrícolas] foi que os administradores não eram motivados para ser bem-sucedidos nem para produzir". De fato, os administradores de fazendas eram frequentemente motivados a oferecer um produto ruim. Por exemplo, como os compradores de carne estatais prestavam atenção na quantidade em vez de na qualidade, as fazendas coletivas maximizavam os lucros produzindo animais mais gordos. Os consumidores podiam até não gostar de se alimentar com carne gordurosa, mas esse era um problema deles. Somente um santo ou um tolo trabalharia mais para produzir carne de melhor qualidade pelo privilégio de receber um pagamento menor.

Como em todos os países, a burocracia tendia a criar vida própria. Assim, a equipe administrativa aumentou a uma taxa mais rápida do que os trabalhadores diretamente ligados à produção. Era possível que uma fábrica com 11 mil trabalhadores na linha de produção tivesse 5 mil funcionários no administrativo, um fardo considerável sobre a produtividade. Em algumas empresas, o pessoal administrativo constituía a metade do número total de trabalhadores.

O modo de operação pesadamente burocrático não permitia que comentários críticos e autocorretivos fossem feitos. De modo geral, havia falta do tipo de debate que poderia levar planejadores e administradores a prestar contas para o público. O destino do delator era o mesmo em países comunistas e em nossos países. Aqueles que revelavam desperdício, incompetência e corrupção estavam mais propensos a correr riscos do que a ser recompensados.

Ninguém está cuidando da loja

Ensinaram-nos que as pessoas que vivem sob o comunismo estão sujeitas a um "controle totalitário sobre todos os aspectos da vida", como a revista *Time* (27 maio 1996) continua a repetir. Falando com as próprias pessoas, descobre-se que elas reclamavam menos a respeito do controle autoritário do que a respeito da *ausência* de controle responsável. O pessoal da manutenção não realizava os reparos necessários. Os moradores de um novo complexo habitacional podiam se recusar a pagar aluguel e ninguém se preocupava em recolhê-lo. Com administradores negligentes nas áreas de agricultura, armazenamento e transporte, cerca de 30% de toda a produção era perdida entre o campo e o ponto de venda, e milhares de toneladas de carne acabavam estragando. As pessoas reclamavam sobre privadas quebradas, tetos com goteiras, vendedores grosseiros, bens de qualidade ruim, trens atrasados, atendimento hospitalar deficiente, além de burocratas corruptos e indiferentes.

A corrupção e o favoritismo eram comuns. Havia o gerente que regularmente roubava o caixa, os trabalhadores que furtavam alimentos e produtos de lojas do Estado ou suprimentos de fábricas a fim de prestar serviços em casas particulares para ganho pessoal, os camponeses em fazendas coletivas que tiravam peças de tratores para vendê-las no mercado clandestino, o diretor que aceitava suborno para colocar pessoas no alto da lista de espera para a aquisição de automóveis, além dos fazendeiros que escondiam o gado para vendê-lo aos moradores da cidade por três vezes o valor do baixo preço de compra governamental. Dificilmente esse seria o comportamento de um povo apavorado sob um regime de terror totalitário.

O próprio sistema recompensava a evasão e a não conformidade. Assim, quanto pior o desempenho da fazenda coletiva, maior era o subsídio e menor a exigência em relação a cotas de trabalho. Quanto pior o desempenho de encanadores e mecânicos, menor a amolação que recebiam com chamadas e cotas. Quanto pior o atendimento do restaurante, menor o número de clientes e maior a quantidade de alimentos que sobrava para levar para casa ou vender na clandestinidade. A última coisa que os funcionários de um restaurante queriam era clientes satisfeitos que retornassem para comer a preços fixos oficialmente baixos.

Assim, não surpreende que a disciplina de trabalho deixasse muito a desejar. Havia o atendente que ficava batendo papo sem parar com um amigo no telefone enquanto uma longa fila de pessoas ressentidas aguardava pelo atendimento, os dois trabalhadores que levavam três dias para pintar a parede de um hotel, um serviço que deveria levar apenas algumas horas, além dos muitos que iam às compras durante o horário de trabalho.

Um desempenho tão ruim contribuía para a baixa produtividade e o ciclo de escassez. Em 1979, o líder cubano Raúl Castro apresentou a seguinte lista de abusos:

> [A] falta de disciplina de trabalho, ausências injustificadas do trabalho, redução deliberada do ritmo de trabalho, para não ultrapassar as normas – que já são baixas e mal aplicadas na prática – de forma que elas não mudem. [...] Em contraste com o capitalismo, quando as pessoas no interior trabalhavam durante exaustivas doze horas ou mais, há vários bons exemplos hoje em dia, especialmente na agricultura, de pessoas [...] que não trabalham mais do que quatro ou seis horas, com a exceção de cortadores de cana e, talvez, alguns outros tipos de trabalhadores. Sabemos que, em muitos casos, chefes de brigadas e capatazes fazem um acordo com os trabalhadores para atender à norma durante a metade do dia e, em seguida, ir embora e trabalhar pela outra metade para alguma pequena fazenda [privada] nas proximidades [para obter uma renda extra]; ou diminuir o ritmo e atender à norma em sete ou oito horas; ou ultrapassar a norma duas ou três vezes em um dia e relatá-las ao longo dos outros dias, quando eles não vão trabalhar. [...]
>
> Todos esses "artifícios" na agricultura também são encontrados na indústria, nos serviços de transporte, nas lojas de reparos e em muitos outros lugares em que há uma troca de favores descontrolada, casos de "você quebra um galho pra mim, eu quebro um pra você", além de desfalques por fora (*Cuba Update*, mar. 1980).

Em caso de demissão, a pessoa tinha uma garantia constitucional de conseguir outro emprego e, raramente, tinha alguma dificuldade em encontrá-lo. O mercado de trabalho era um mercado de vendedores. Os trabalhadores não tinham medo de perder o emprego, mas os gerentes temiam perder seus melhores trabalhadores e, algumas vezes, pagavam a mais para impedir que deixassem o emprego. Muitas vezes, porém, nem recompensas monetárias nem o próprio emprego estavam vinculados ao desempenho. Normalmente, um funcionário dedicado não ganhava mais do que um trabalhador irresponsável. Os trabalhadores preguiçosos e os gatunos tinham um efeito desmoralizante sobre os que queriam trabalhar genuinamente.

O pleno emprego era alcançado enchendo a força de trabalho com pessoas que tinham relativamente pouco a fazer. Isso contribuía para a escassez de mão de obra, a baixa produtividade, a falta de disciplina de trabalho e o fracasso na introdução de tecnologias que economizariam mão de obra e que poderiam maximizar a produção.

Os comunistas operavam sob a premissa de que, assim que o capitalismo e seus abusos econômicos fossem eliminados, e tão logo a produção social fosse comunizada e as pessoas tivessem acesso a alguma medida razoável de segurança e prosperidade, elas realizariam com satisfação sua parcela justa de trabalho. Muitas vezes, não era assim que as coisas aconteciam.

As economias comunistas tinham um tipo de aura de País das Maravilhas, no qual os preços raramente mantinham alguma correlação com o custo ou valor real. Muitos serviços caros, como educação, cuidados médicos e a maioria dos eventos culturais, esportivos e recreativos eram fornecidos quase que totalmente de graça. Habitação, transporte, serviços de utilidade pública e alimentos básicos eram altamente subsidiados. Muitas pessoas tinham dinheiro, mas não havia muito o que comprar com ele. Bens de qualidade e artigos de luxo com preços mais elevados eram de difícil obtenção. Tudo isso, por sua vez, afetava o desempenho no trabalho. Por que se esforçar para ganhar mais quando não havia muito o que comprar?

Aumentos salariais, concebidos para atrair trabalhadores para empregos desagradáveis ou de baixo prestígio ou como incentivos à produção, somente aumentavam a disparidade entre o poder de compra e a oferta de bens. Os preços eram mantidos baixos de maneira artificial, em primeiro lugar em razão dos princípios igualitários, mas também por conta de protestos trabalhistas na Polônia, Alemanha Oriental e União Soviética, quando se tentou reajustá-los. Assim, na União Soviética e na Polônia, o Estado se recusou a aumentar o preço do pão, que custava poucos centavos por filão, embora isso equivalesse a um preço inferior ao da ração animal. Isso levou fazendeiros nos dois países a comprar pão para alimentar porcos. Com controles de preço rigorosos, havia uma inflação oculta, um grande mercado clandestino e longas filas nas lojas.

A expectativa era a de que os cidadãos respeitassem as regras e não tirassem proveito do sistema, mesmo quando o sistema inadvertidamente promovia transgressões. Esperava-se que eles deixassem de lado um comportamento egoísta quando, na verdade, não havia nenhuma recompensa e até algumas desvantagens em se fazer isso. O "brutal regime totalitário", na realidade, era um contêiner gigante do qual muitos pegavam tudo o que pudessem carregar.

Havia um forte ressentimento referente à oferta insuficiente para os consumidores: as filas intermináveis nas lojas, a espera de dez anos por automóveis novos, a falta de moradias, que compelia pessoas solteiras a morar com os pais ou a casar para que pudessem se qualificar para um apartamento próprio, e a espera de cinco anos por esse apartamento. A aglomeração e a dependência financeira em relação aos pais frequentemente resultavam em divórcios precoces. Esses e outros problemas parecidos cobravam um preço no compromisso das pessoas para com o socialismo.

Querer tudo

Ouvi um amigo da Alemanha Oriental reclamar de serviços ruins e produtos inferiores; o sistema não funcionava, ele concluiu. Mas e quanto aos inúmeros benefícios sociais que não estão disponíveis na maior parte do mundo, perguntei, eles não deveriam ser valorizados? A resposta dele foi reveladora: "Ah, ninguém nunca fala sobre isso." As pessoas davam como favas contadas os serviços humanos e os direitos de que dispunham, enquanto ansiavam pelos bens de consumo existentes em suas imaginações.

A capacidade humana para a insatisfação não deve ser subestimada. As pessoas não conseguem viver apenas com base no salário social.[40] Assim que nossas necessidades básicas são satisfeitas, nossos desejos tendem a aumentar rapidamente, e então nossas vontades se tornam nossas necessidades. Um aumento nos padrões de vida muitas vezes suscita um aumento ainda maior nas expectativas. À medida que as pessoas são mais bem tratadas, elas passam a querer mais coisas boas e não necessariamente ficam agradecidas pelo que já têm. Os profissionais mais destacados, que haviam alcançado padrões de vida relativamente bons, queriam se vestir melhor, viajar para o exterior e desfrutar de estilos de vida mais opulentos, disponíveis para pessoas de posses no mundo capitalista.

Foi o desejo de maior afluência em vez da busca por liberdade política que motivou a maioria daqueles que emigraram para o Ocidente. Os desejos materiais eram mencionados com mais frequência do que a falta de democracia. Os emigrantes que fugiram do Vietnã em 1989 não eram dissidentes políticos perseguidos. Em geral, eram artesãos relativamente prósperos, pequenos empreendedores, engenheiros, arquitetos e intelectuais com boa formação que buscavam maiores oportunidades. Citando um deles: "Não acho que a minha vida aqui no Vietnã seja muito ruim. Na verdade, estou muito bem de vida. Mas faz parte da natureza humana sempre querer algo melhor". Outro deu seu testemunho: "Tínhamos duas lojas, e a nossa renda era decente, mas queríamos uma vida melhor". Ainda outro: "Eles

---

[40] Bens e serviços públicos oferecidos pelo Estado. (N.E.)

deixaram [o país] pelos mesmos motivos que os nossos. Eles queriam ser mais ricos, assim como nós".[41] Hoje, uma obsessão com a ideia de "ficar rico" está se disseminando por boa parte do Vietnã, conforme esse país dá uma guinada em direção a uma economia de mercado (*New York Times*, 5 abr. 1996).

De maneira semelhante, a grande demanda na República Democrática Alemã (RDA) era por viagens, eletrodomésticos novos e apartamentos maiores (*Washington Post*, 28 ago. 1989). O *New York Times* (13 mar. 1990) descreveu a Alemanha Oriental como um "país de 16 milhões de habitantes [que] parecem fascinados com uma única coisa: quanto tempo vai demorar até que eles sejam tão prósperos quanto a Alemanha Ocidental?". Uma enquete nacional feita na China relatou que 68% dos cidadãos escolheram como meta "viver bem e ficar rico" (matéria do canal PBS, jun. 1996).

Em 1989, perguntei ao embaixador da RDA em Washington, D.C. por que o país dele fazia carros de motor de dois cilindros tão ruins. Ele disse que a meta era desenvolver um bom transporte público e desencorajar o uso de veículos particulares onerosos. Mas, quando se pedia para que escolhessem entre um sistema de transporte em massa racional, eficiente, economicamente sólido e ambientalmente saudável ou um automóvel com sua mobilidade instantânea, *status* especial, privacidade e empoderamento pessoal, os alemães orientais optavam por este último, como a maioria das pessoas no mundo. O embaixador concluiu de maneira triste: "Acreditávamos que construir uma boa sociedade criaria boas pessoas. Nem sempre isso é verdade". Independentemente de ser ou não uma boa sociedade, pelo menos ele reconheceu tardiamente a discrepância entre ideologia pública e desejo privado.

Em Cuba, atualmente, muitos jovens não veem valor em ingressar no Partido Comunista e acreditam que Fidel Castro

---

[41] Todas as citações são do *Washington Post*, 12 abr. 1989.

teve seu momento de glória e deveria renunciar. As realizações revolucionárias nas áreas de educação e cuidados médicos são consideradas como algo garantido e em relação às quais eles não conseguem se sentir entusiasmados. Geralmente, estão mais preocupados com o próprio futuro em vez de com o do socialismo. Cursos universitários sobre marxismo e sobre a Revolução Cubana, anteriormente lotados, agora contam com poucos alunos, ao passo que os estudantes lotam as aulas sobre mercados globais e direito de propriedade (*Newsday*, 12 abr. 1996).

Com o bloqueio dos Estados Unidos e a perda da ajuda soviética, a promessa de abundância sumiu de vista em Cuba, e a cornucópia do Norte pareceu cada vez mais atraente. Muitos jovens cubanos idealizam a vida nos Estados Unidos e anseiam pelos mais recentes estilos e música desse país. Como os europeus orientais, eles acreditam que o capitalismo irá proporcionar guloseimas a um custo módico. Quando são informados de que os jovens estadunidenses enfrentam sérios obstáculos, eles respondem com toda a certeza da inexperiência: "Sabemos que muitas pessoas nos Estados Unidos são pobres e muitas são ricas. Mas, se você trabalhar bastante, pode se dar bem. É a terra da oportunidade" (*Monthly Review*, abr. 1996).

Por volta da segunda ou terceira geração, ainda estão vivos relativamente poucos cubanos capazes de contrastar favoravelmente suas vidas sob o socialismo com as enormes adversidades e injustiças dos dias anteriores à revolução. Conforme dito por um jovem cubano que não tem memória de como era a vida antes da revolução: "Estamos cansados de *slogans*. Isso fazia sentido para os nossos pais, mas a revolução é história" (*San Francisco Chronicle*, 25 ago. 1995).

Em uma sociedade com expectativas que aumentam rapidamente – e que, algumas vezes, são irrealistas –, aqueles que não se saíam bem, que não conseguiam encontrar emprego adequado a sua educação, ou que estavam presos a trabalhos duros, sentiam-

-se especialmente inclinados a querer uma mudança. Mesmo nas melhores sociedades, boa parte do trabalho apresenta um valor fundamental, mas nenhuma gratificação intrínseca. Quanto mais cedo uma tarefa tediosa é concluída, mais cedo aparece outra que precisa ser feita. Então, para que se matar? Se "construir a revolução" e "vencer a batalha da produção" significam realizar tarefas essenciais, mas rotineiras pelo resto da vida, fica evidente o motivo pelo qual a revolução perde seu brilho. Muitas vezes, não há trabalho criativo e interessante o bastante para todos os que se consideram pessoas criativas e interessantes.

Com o tempo, o carisma revolucionário vira algo rotineiro. As pessoas comuns não conseguem sustentar no dia a dia o nível de dedicação intensa a ideais abstratos, ainda que belos. Por que lutar por uma vida melhor se ela não pode ser alcançada imediatamente? E, se ela pode ser desfrutada agora, então esqueça o sacrifício revolucionário.

Reacionarismo emergente

Durante anos, ouvi falar das manipulações diabolicamente espertas da propaganda comunista. Mais tarde, fiquei surpreso ao descobrir que a mídia nos países comunistas era normalmente sem graça e modorrenta. Os países capitalistas ocidentais estão imersos em uma cultura publicitária, com bilhões gastos em marketing e imagens manipuladoras. Os países comunistas não tinham nada comparável. Sua cobertura midiática geralmente consistia de pronunciamentos oficiais e visitas protocolares enfadonhas, junto com matérias favoráveis sobre a economia e a sociedade – tão favoráveis que as pessoas reclamavam por não saber o que estava acontecendo em seu próprio país. Elas podiam ler sobre abusos de poder, acidentes industriais, protestos de trabalhadores e terremotos em todos os países, menos no delas. E mesmo quando a imprensa expunha abusos no país, eles normalmente não eram retificados.

Algumas vezes, a mídia apresentava tamanho conflito com a experiência cotidiana que as pessoas não acreditavam na imprensa oficial, mesmo quando ela dizia a verdade, como quando ela publicava matérias sobre a pobreza e a repressão no mundo capitalista. De fato, muitos intelectuais de países comunistas viam o mundo capitalista de maneira totalmente idealizada e relutavam em olhar para seu lado mais sórdido. Extremamente opostos ao sistema socialista, eles eram anticomunistas a ponto de adularem completamente o reacionarismo ocidental. Quanto mais ardentemente *"reactionary chic"* era uma posição, maior atração ela exercia sobre a *intelligentsia*.

Com fervor quase religioso, os intelectuais afirmavam que o Ocidente capitalista, especialmente os Estados Unidos, era um paraíso do livre mercado e da fartura, onde as oportunidades eram quase ilimitadas. Tampouco acreditavam em qualquer coisa que contradissesse isso. Com convicção absoluta, intelectuais moscovitas, bem alimentados, com formação universitária, sentados em seus apartamentos modestos, porém confortáveis, diziam a visitantes estadunidenses: "Os mais pobres entre vocês vivem melhor do que nós".

Um editor-assistente do *Wall Street Journal*, David Brooks, apresenta o seguinte perfil do intelectual moscovita:

> Ele é um mestre do desdém e acredita viver em um mundo governado por imbecis. Não é inseguro, procurando pelas respostas certas. As respostas imediatas são óbvias – democracia e capitalismo. Sua tarefa autoimposta é demolir os idiotas que se colocam em seu caminho. [...] Ele não tem nenhum dos maneirismos rebuscados dos nossos intelectuais, mas valoriza a franqueza, a grosseria e a arrogância. [...] [Esses] intelectuais democráticos [adoram] Ronald Reagan, Marlboros e o Sul na Guerra Civil estadunidense. (*National Review*, 2 mar. 1992)

Vejamos Andrei Sakharov, um queridinho da imprensa estadunidense que, regularmente, elogiava o capitalismo empresarial, ao mesmo tempo que fazia pouco caso dos avanços obtidos pelo povo soviético. Ele ridicularizava o movimento pacifista dos Estados Unidos por sua oposição à Guerra do Vietnã e acusava os soviéticos de serem promotores da expansão militar e os únicos culpados por trás da corrida armamentista. Sakharov apoiou todas as intervenções armadas dos Estados Unidos no exterior como uma defesa da democracia e caracterizou os novos sistemas de armamentos estadunidenses, como a bomba de nêutron, como "essencialmente de defesa". Ungido por líderes e pela mídia como um "defensor dos direitos humanos", ele jamais disse uma palavra negativa sobre as violações dos direitos humanos perpetradas por regimes fascistas de Estados clientes dos Estados Unidos, inclusive o Chile de Pinochet e a Indonésia de Suharto. Ao contrário, ele fazia comentários sarcásticos quando alguém criticava esses regimes. Com frequência, ele atacava aqueles no Ocidente que discordavam da ortodoxia anticomunista e se opunham ao intervencionismo dos Estados Unidos no exterior. Como muitos outros intelectuais do Leste Europeu, a defesa da dissidência feita por Sakharov não se estendia a opiniões que se desviassem para a esquerda das opiniões dele.[42]

---

[42] Ver Andrei Sakharov, *Meu país e o mundo* (Rio de Janeiro: Nova Fronteira, 1976), especialmente os capítulos 3, 4 e 5. Um momento memorável foi proporcionado a mim pelo conhecido jornalista I. F. Stone, em Washington, D.C., em 1987. Izzy (como era chamado) havia acabado de discursar no Institute for Policy Studies, elogiando Sakharov como um defensor corajoso da democracia, em um retrato que parecia muito com a imagem de Sakharov difundida pela mídia estadunidense. Ao encontrar Stone na rua, depois do evento, disse a ele que deveríamos distinguir entre o direito de Sakharov de falar livremente, o qual eu apoiava, e o conteúdo reacionário, inspirado na CIA, de sua fala, o qual não estávamos obrigados a admirar. Ele me

A tolerância em relação ao imperialismo ocidental alcançava até os mais elevados escalões do próprio governo soviético, como refletido em uma observação feita em 1989 por uma alta autoridade no Ministério de Relações Exteriores soviético, Andrei Kozyrev, que afirmou que os países do Terceiro Mundo "não sofriam tanto em razão do capitalismo, mas da falta dele". Seja intencionalmente, seja por estupidez, ele confundiu capital (que é escasso nesses países) com capitalismo (do qual eles têm mais do que suficiente para vitimá-los). Ele também afirmou que "nenhum dos principais [grupos burgueses] nos Estados Unidos está conectado ao militarismo". Pensar neles como imperialistas que saqueiam países do Terceiro Mundo é uma "ideia estereotipada" que deveria ser descartada (*New York Times*, 7 jan. 1989).

Como um sistema de análise preocupado principalmente com o capitalismo real, o marxismo tem relativamente pouco a dizer sobre o desenvolvimento de sociedades socialistas. Nos países comunistas, o marxismo era disseminado como um tipo de catecismo. Sua crítica ao capitalismo não tinha vitalidade nem significado para aqueles que viviam em uma sociedade não capitalista. Em vez disso, a maioria dos intelectuais encontrava entusiasmo no fruto proibido da ideologia burguesa ocidental. Ao olhar para o Ocidente, eles não estavam interessados em ampliar o espectro ideológico, o que seria um objetivo dese-

---

interrompeu no meio da frase e gritou: "Não aguento mais pessoas que puxam o saco da União Soviética!". Ele então partiu em retirada. Normalmente, Izzy Stone era um homem afável, mas, tal como acontecia com muitos na esquerda estadunidense, seu antissovietismo podia fazer com que ele deixasse de lado tanto o discurso racional quanto a mínima cortesia. Em ocasiões posteriores, ele falou comigo de uma maneira amistosa, mas jamais pensou em se desculpar por aquele acesso de raiva.

jável, mas em substituir a visão dominante por uma ortodoxia de direita anticomunista. Eles não apoiavam o fim da ideologia, mas a substituição de uma ideologia por outra. Sem hesitar, eles acrescentavam suas vozes ao coro que cantava as glórias do paraíso do livre mercado.

Contando com pesados subsídios de fontes ocidentais, a *intelligentsia* de direita produzia publicações como *Moscow News* e *Argumentyi Fakti*, que disseminavam uma mensagem virulentamente pró-capitalista e pró-imperialista. Uma dessas publicações, a *Literaturnaya Gazeta* (março de 1990), saudava Reagan e Bush como "estadistas" e os "arquitetos da paz". Ela questionava a necessidade de haver um Ministério da Cultura na União Soviética, mesmo um que agora era chefiado por um anticomunista: "Nos Estados Unidos, não existe um ministério desses. Ainda assim, parece que não há nada de errado com a cultura estadunidense". Quem disse que os russos não têm senso de humor?

Com o declínio do poder comunista no Leste Europeu, a pior escória política começou a emergir – simpatizantes nazistas e grupos de ódio de todos os tipos, embora não fossem as únicas fontes de intolerância. Em 1990, ninguém menos que o líder polonês do Solidariedade, Lech Wałęsa, declarou que "uma gangue de judeus tomou conta de tudo e está empenhada em nos destruir". Mais tarde, ele sustentou que o comentário não se aplicava a todos os judeus, mas apenas àqueles "que estão preocupados apenas com eles, não dando a mínima para mais ninguém" (*Nation*, 10 set. 1990). No ano seguinte, na eleição presidencial pós-comunista da Polônia, vários candidatos (inclusive Wałęsa) superaram uns aos outros em suas alusões antissemitas. Em 1996, em uma cerimônia nacional, o líder do Solidariedade, Zygmunt Wrzodak, recorreu a ataques antissemitas enquanto mostrava sua aversão ao regime comunista de outrora (*New York Times*, 9 jul. 1996).

A romantização do capitalismo

Em 1990, em Washington, D.C., o embaixador húngaro deu uma entrevista coletiva para anunciar que seu país estava descartando o sistema socialista porque ele não funcionava. Quando perguntei por que não funcionava, ele disse: "Não sei". Eis aqui alguém que confessou não ter nenhum entendimento das deficiências do processo socioeconômico de seu país, muito embora fosse uma das pessoas encarregadas desse processo. Lideranças que falam apenas entre si logo perdem o contato com a realidade.

Os formuladores de políticas desses Estados comunistas mostravam um surpreendente entendimento não marxista dos problemas que enfrentavam. Sobravam denúncias e reprimendas, mas pouca análise sistêmica de por que e como as coisas haviam chegado a tal impasse. Em vez disso, havia muita admiração pelo que era entendido como o *know-how* capitalista ocidental e um conhecimento absurdamente risível do pior lado do capitalismo e de como ele impactava o mundo.

Na União Soviética, a *glasnost* (o uso do debate crítico para promover a inovação e a reforma) abriu a mídia à penetração ocidental e acelerou a própria insatisfação que ela visava retificar. Lideranças na Polônia, na Hungria e, mais tarde, na União Soviética e em outros países comunistas europeus decidiram abrir suas economias para o investimento ocidental durante o final da década de 1980. Imaginava-se que a propriedade estatal existiria em termos iguais com cooperativas, investidores estrangeiros e empreendedores da iniciativa privada locais (*Washington Post*, 17 abr. 1989). Na verdade, toda a economia estatal foi colocada em risco e acabou sendo destruída. As lideranças comunistas tinham ainda menos compreensão do sistema capitalista do que do próprio socialismo.

A maioria das pessoas que viviam sob o socialismo tinha pouco entendimento do capitalismo na prática. Trabalhadores entrevistados na Polônia acreditavam que, se suas fábricas fossem fechadas na transição para o livre mercado, "o Estado encontrará algum outro trabalho para nós" (*New Yorker*, 13 nov. 1989). Eles achavam que teriam o melhor de dois mundos. Na União Soviética, muitos dos que defendiam a privatização também acreditavam que continuariam recebendo benefícios e subsídios coletivos proporcionados pelo governo. Um agricultor cético entendeu corretamente: "Algumas pessoas querem ser capitalistas, mas esperam continuar se beneficiando do socialismo" (*Guardian*, 23 out. 1991).

A realidade, às vezes, batia à porta. Em 1990, durante o período da *glasnost*, quando o governo soviético anunciou que o preço do papel de imprensa subiria 300% para fazer frente a seu custo real, as novas publicações pró-capitalistas protestaram amargamente. Elas estavam furiosas porque o socialismo estatal não iria mais subsidiar suas denúncias do socialismo estatal. Elas estavam sendo sujeitas às mesmas realidades do livre mercado que defendiam com entusiasmo para todos os outros, mas não gostaram disso nem um pouco.

Entretanto, nem todos romantizavam o capitalismo. Muitos dos dissidentes que haviam imigrado para os Estados Unidos vindos da União Soviética e do Leste Europeu durante as décadas de 1970 e 1980 reclamavam sobre serviços sociais ruins, crime, condições de trabalho horríveis, falta de espírito comunitário, campanhas eleitorais vulgares, padrões educacionais inferiores e a assombrosa ignorância que os estadunidenses tinham sobre a história.

Eles descobriram que não podiam mais deixar seus empregos durante o dia para ir às compras, que seus empregadores não ofereciam nenhum médico da empresa quando eles ficavam doentes no trabalho, que estavam sujeitos a severas reprimendas quando se atrasavam, que não podiam caminhar nas ruas e parques tarde da noite sem medo, que poderiam não conseguir arcar com serviços médicos para suas famílias ou pagar a faculdade dos filhos, que não tinham nenhuma garantia de emprego e poderiam ficar desempregados a qualquer momento.

Entre aqueles que nunca emigraram, havia alguns que não nutriam ilusões sobre o capitalismo. De fato, vários trabalhadores, camponeses e idosos temiam as mudanças à frente e não haviam engolido totalmente a mitologia do livre mercado. Uma pesquisa de 1989 na Tchecoslováquia revelou que 47% dos entrevistados queriam que a economia permanecesse sob controle estatal, ao passo que 43% desejavam uma economia mista, e apenas 3% disseram que favoreciam o capitalismo (*New York Times*, 1º dez. 1989). Em maio de 1991, uma pesquisa entre os russos por um instituto de pesquisa estadunidense descobriu que 54% preferiam alguma forma de socialismo e apenas 20% desejavam uma economia de livre mercado, como nos Estados Unidos ou na Alemanha. Outros 27% queriam uma "forma modificada de capitalismo, como a adotada na Suécia" (*Monthly Review*, dez. 1994).

Ainda assim, números substanciais, especialmente entre intelectuais e a juventude – os dois grupos que sabem tudo –, optaram pelo paraíso do livre mercado, sem a menor noção de seus custos sociais. Contra a imaginação exacerbada, a realidade é uma coisa medíocre. Perante a imagem cintilante da cornucópia ocidental, as experiências rotineiras, repletas de escassez e, muitas vezes, frustrantes da sociedade comunista não tinham a menor chance.

Parece que o comunismo criou uma dinâmica dialética que o desestabilizou. Ele assimilava países semifeudais, devastados e subdesenvolvidos e os industrializava com sucesso, proporcionando uma vida melhor para a maioria de suas populações. Mas o próprio processo de modernização e de melhoria das condições também criava expectativas que não podiam ser atendidas. Muitos esperavam manter todas as proteções do socialismo, sobrepostas ao consumismo capitalista. Como veremos nos próximos capítulos, algumas surpresas dolorosas os aguardavam.

Um motivo por que o socialismo sitiado não pôde fazer a transição para o socialismo de consumo é que o estado de sítio jamais foi suspenso. Conforme observado no capítulo anterior, as próprias deficiências internas reais dos sistemas comunistas foram exacerbadas pelas ameaças e ataques externos incessantes das potências ocidentais. Nascidas em um mundo capitalista intensamente hostil, as nações comunistas passaram por guerras, invasões e uma corrida armamentista que exauriram suas capacidades produtivas e retardaram seu desenvolvimento. A decisão das lideranças soviéticas de alcançar a paridade militar com os Estados Unidos – enquanto trabalhavam a partir de uma base industrial muito menor – colocou uma enorme pressão sobre toda a economia soviética.

O mesmo socialismo sitiado que permitiu que a União Soviética sobrevivesse tornou difícil que ela prosperasse. A *perestroika* (a reestruturação das práticas socioeconômicas a fim de melhorar o desempenho) tinha a intenção de abrir e revitalizar a produção. Em vez disso, ela levou ao colapso de todo o tecido socialista do Estado. Assim, a mídia pluralista que deveria substituir o monopólio da mídia comunista acabou virando um monopólio ideológico pró-capitalista. A mesma coisa aconteceu com outras instituições socialistas. A intenção era usar uma dose de capitalismo para fortalecer o socialismo; a realidade foi que o socialismo foi usado para subsidiar e desenvolver um capitalismo implacável.

Fortemente pressionado ao longo de sua história pelas poderosas forças financeiras, econômicas e militares do capitalismo global, o socialismo de Estado enfrentou uma existência perpetuamente frágil, apenas para ser removido quando as comportas foram abertas para o Ocidente.

5. OS DEDOS DE STÁLIN

Em 1989-1991, transformações singulares varreram o Leste Europeu e a União Soviética. Governos comunistas foram derrubados, grandes porções de suas economias de propriedade estatal foram desmanteladas e distribuídas para proprietários privados por valores irrisórios. O governo de partido único foi substituído por sistemas parlamentares de vários partidos. Para as lideranças ocidentais, que haviam buscado incessantemente a reversão do comunismo, isso foi a realização de um sonho.

Se a derrubada do comunismo era uma vitória para a democracia, como alguns alegavam, ela era ainda mais uma vitória para o capitalismo de livre mercado e o anticomunismo conservador. Algum crédito tem de ser dado à CIA e a outras agências da Guerra Fria, assim como o National Endowment for Democracy, a central operária AFL-CIO, a Fundação Ford, o Rockefeller Brothers Fund, a ONG The Pew Charitable Trusts e vários grupos de direita, todos financiados por organizações e publicações políticas anticomunistas e pró-livre mercado em todo o Leste Europeu e na União Soviética, naquilo que rapidamente se tornou a cadeia de "revoluções" mais bem financiada da história.

Surpreendentemente, as revoltas envolveram pouca violência. Como Lech Wałęsa se gabava em novembro de 1989, o Solidariedade polonês derrubou o governo comunista sem quebrar uma única janela. Isso diz pelo menos tanto sobre o governo que foi derrubado quanto sobre os rebeldes. Em vez de agir como agiriam governantes apoiados pelos Estados Unidos em El Salvador, na Colômbia, no Zaire ou na Indonésia – com repressão em massa e o terror dos esquadrões da morte –, os comunistas largaram o poder quase sem dar um tiro. A transição relativamente pacífica não combina com nossa imagem de totalitários inescrupulosos que não hesitariam um segundo sequer para manter o poder sobre populações cativas. Por que a implacável esquerda radical não agiu de maneira mais implacável?[43]

Quantas foram as vítimas?

Ouvimos muito sobre a implacável esquerda radical, começando com o reino de terror e repressão perpetrado durante a ditadura de Joseph Stálin (1929-1953). As estimativas daqueles que morreram durante o governo de Stálin – baseadas principalmente em especulações de autores que jamais revelam como chegam a tais números – variam enormemente. Assim, Roy Medvedev calcula que as vítimas de Stálin somam entre 5 milhões e 7 milhões; Robert Conquest optou por 7 milhões a 8 milhões; Olga Shatunovskaia alega que 19,8 milhões morreram apenas no período de 1935-1940; Stephen Cohen diz que foram 9 milhões até 1939, com 3 milhões de executados ou mortos por maus tratos durante o período de 1936-1939; e Arthur Koestler afirma que foram de 20 milhões a 25 milhões. Mais recentemente, William Rusher, do Claremont Institute, faz referência às "100 milhões de pessoas cruelmente assas-

---

[43] Durante meados da década de 1980, a polícia na Polônia comunista atirou em 44 manifestantes em Gdansk e outras cidades. Dez ex-membros da polícia e oficiais do Exército foram julgados em 1996 por essas mortes. Na Romênia, houve relatos de inúmeras fatalidades nos tumultos que imediatamente antecederam a derrubada de Ceauşescu, após os quais Ceauşescu e sua esposa foram sumariamente executados sem julgamento. As mortes na Polônia e na Romênia representam o total de fatalidades, até onde sabemos.

sinadas pelos ditadores comunistas desde a Revolução Bolchevique em 1917" (*Oakland Tribune*, 22 jan. 1996) e Richard Lourie culpa a era Stálin pelo "massacre de milhões" (*New York Times*, 4 ago. 1996).

Livres das amarras da documentação, essas "estimativas" nos levam a concluir que o total de pessoas encarceradas nos campos de trabalho ao longo de um período de 22 anos (levando em conta a rotatividade em razão das mortes e do fim de sentenças) teria envolvido uma proporção absurda da população soviética. Dessa forma, o trabalho de suporte e supervisão do *gulag* (todos os campos de trabalho, colônias de trabalho e prisões do sistema soviético) teria sido o maior empreendimento individual da União Soviética.

Na ausência de provas confiáveis, somos informados por meio de anedotas, como a história contada por Winston Churchill sobre quando ele perguntou a Stálin quantas pessoas haviam morrido durante a fome. Segundo Churchill, o líder soviético respondeu levantando ambas as mãos, um gesto que poderia significar uma relutância em abordar o tema. Mas, como Stálin tinha cinco dedos em cada mão, Churchill concluiu – sem o benefício de uma pergunta complementar de esclarecimento – que Stálin estava confessando terem sido 10 milhões de vítimas. Algum chefe de Estado (especialmente o reservado Stálin) admitiria casualmente tal fato para outro chefe de Estado? Até hoje, escritores ocidentais tratam esse relato vago como uma confissão irrefutável de atrocidades em massa.[44]

---

[44] Stálin "confidenciou o número de 10 milhões para Winston Churchill": Stephen Cohen, *Bukharin and the Bolshevik Revolution* [Bukharin e a Revolução Bolchevique] (Nova York: A. A. Knopf, 1973), 463n. Sem dúvida, as fomes que ocorreram durante os anos da invasão ocidental, da intervenção contrarrevolucionária, da guerra civil com o Exército Branco e da resistência dos proprietários de terra

O que sabemos sobre os expurgos de Stálin é que muitas vítimas eram dirigentes do Partido Comunista, administradores, oficiais do Exército e outras pessoas situadas estrategicamente as quais o ditador considerou necessário encarcerar ou liquidar. Além disso, categorias inteiras de pessoas de cuja lealdade Stálin desconfiava – cossacos, tártaros da Crimeia e alemães étnicos – eram selecionadas para deportação interna. Embora jamais tenham visto o interior de uma prisão ou de um campo de trabalho, elas estavam sujeitas a um reassentamento não carcerário na Ásia Central e na Sibéria.

Não há dúvida de que crimes foram cometidos pelo Estado em países comunistas, e muitos prisioneiros políticos foram injustamente presos ou até mesmo assassinados. Mas os números inflacionados apresentados por estudiosos da Guerra Fria não atendem à verdade histórica nem à causa da justiça, mas meramente ajudam a reforçar uma hostilidade e um medo instintivo daquela terrível esquerda radical.

Em 1993, pela primeira vez, vários historiadores tiveram acesso a arquivos policiais soviéticos anteriormente secretos e conseguiram estabelecer estimativas bem documentadas das populações nas prisões e nos campos de trabalho. Eles descobriram que a população total do *gulag* inteiro em janeiro de 1939, próximo ao fim dos Grandes Expurgos, era de 2.022.976.[45]

à coletivização resultaram em muitas vítimas.

[45] À guisa de comparação, em 1995, segundo o Bureau of Justice Statistics, havia nos Estados Unidos 1,6 milhão de encarcerados, 3 milhões em suspensão condicional de pena e 700 mil em livramento condicional, para um total de 5,3 milhões sob supervisão prisional (*San Francisco Chronicle*, 1º jul. 1996). Alguns milhões de outros haviam cumprido pena, mas não estavam mais conectados ao sistema prisional de maneira alguma.

Por volta dessa época, começou o expurgo dos expurgadores, que incluiu muitos oficiais dos serviços de inteligência e da polícia secreta (NKVD) e membros do judiciário e de outros comitês de investigação, que, de repente, foram responsabilizados pelos excessos do terror, a despeito de seus protestos de fidelidade ao regime.[46]

Os campos de trabalho soviéticos não eram campos de extermínio, como os que os nazistas construíram na Europa. Não havia extermínio sistemático de presos, câmaras de gás nem crematórios para se livrar dos milhões de corpos. Apesar das duras condições, a grande maioria dos presos no *gulag* sobrevivia e acabava retornando à sociedade quando recebia anistia ou quando suas penas eram concluídas. Em qualquer ano, de 20% a 40% dos presos eram soltos, segundo os registros históricos.[47] Alheio a esses fatos, o correspondente do *New York Times* (31 jul. 1996) em Moscou continua a descrever o *gulag* como "o maior sistema de campos de extermínio na história moderna".

Quase 1 milhão de prisioneiros do *gulag* foram soltos durante a Segunda Guerra Mundial para servir no Exército. Os arquivos revelam que mais da metade de todas as mortes no *gulag* no período de 1934-1953 ocorreu durante os anos da guerra (1941-1945), principalmente em razão da má nutrição, quando graves privações eram o destino comum de toda a população soviética (cerca de 22 milhões de cidadãos soviéticos morreram na guerra). Em 1944, por exemplo, a taxa de mortalidade nos campos de trabalho era de 92 em cada 1.000. Em

---

[46] J. Arch Getty, Gabor Rittersporn e Victor Zemskov, "Victims of the Soviet Penal System in the Pre-War Years: A First Approach on the Basis of Archival Evidence", *American Historical Review*, v. 98 (outubro de 1993), p. 1.017- 1.049.

[47] Getty et al., "Victims of the Soviet Penal System".

1953, com a recuperação do pós-guerra, as mortes de detentos caíram para 3 em cada 1.000.[48]

Todos os presos no *gulag* deveriam ser considerados vítimas da repressão comunista? Em contraposição ao que nos levaram a acreditar, os presos por crimes políticos ("crimes contrarrevolucionários") representavam de 12% a 33% da população carcerária, variando de ano a ano. A maioria esmagadora dos presos havia sido condenada por crimes não políticos, como assassinatos, agressões, roubo, banditismo, contrabando, golpes e outras transgressões puníveis em qualquer sociedade.[49]

O número total de execuções de 1921 a 1953, um período de 33 anos, foi de 799.455. Nenhum detalhamento desse número foi fornecido pelos pesquisadores. Ele inclui aqueles que foram condenados por crimes capitais não políticos, além daqueles que colaboraram com a invasão capitalista ocidental e as subsequentes atrocidades do Exército Branco. Também inclui algumas das parcelas consideráveis que colaboraram com os nazistas durante a Segunda Guerra Mundial e, provavelmente, prisioneiros membros das ss alemãs. De qualquer modo, os assassinatos de opositores políticos não foram aos milhões ou dezenas de milhões – o que não quer dizer que o número real seja insignificante ou justificável.

Os três historiadores que estudaram os registros até agora secretos do *gulag* concluíram que o número de vítimas foi bem menor do que o normalmente alegado no Ocidente. Essa descoberta é ridicularizada pelo liberal anticomunista Adam Hochschild, que prefere repetir a história de Churchill sobre os dedos de Stálin (*New York Times*, 8 maio 1996). Como muitos outros, Hochschild não vê problema em aceitar especulações infundadas sobre o *gulag*, mas apresenta muita difi-

---

[48] Ibid.
[49] Ibid.

culdade em aceitar os números documentados extraídos dos arquivos da NKVD.

Onde foi parar o *gulag*?

Alguns autores anticomunistas russos, como Solzhenitsyn e Sakharov, e muitos liberais anticomunistas estadunidenses insistem em dizer que o *gulag* existiu até os últimos dias do comunismo.[50] Se isso é verdade, então onde é que ele foi parar? Depois da morte de Stálin, em 1953, mais da metade dos presos no *gulag* foi libertada, segundo o estudo dos arquivos da NKVD anteriormente mencionados. Mas, se tantos outros permaneceram encarcerados, por que não apareceram? Quando os Estados comunistas foram derrubados, onde estavam as hordas semifamélicas saindo dos campos de concentração com suas histórias de trabalho forçado?

Um dos últimos campos de trabalho soviéticos existentes, o Perm 35, foi visitado em 1989 por deputados republicanos e, novamente, em 1990, por jornalistas franceses (ver *Washington Post*, 28 nov. 1989 e *National Geographic*, mar. 1990, respectivamente). Ambos os grupos encontraram apenas al-

---

[50] O termo "*gulag*" foi incorporado ao idioma inglês em parte por conta das constantes referências que eram feitas a sua suposta existência ininterrupta. Em dezembro de 1982, recebi uma nota de Robert Borosage, um acadêmico sênior de orientação liberal do Institute for Policy Studies, parcialmente afirmando de maneira categórica que "o *gulag* existe". Quando palestrei em alguns *campi* universitários durante os anos 1980 sobre as políticas de gastos nacionais do presidente Reagan, repetidamente encontrava membros do corpo docente que, independentemente do tema sendo discutido, insistiam que eu também deveria falar sobre o *gulag*, o qual, segundo eles, ainda continha muitos milhões de vítimas. Minha recusa em ajoelhar para essa ortodoxia irritou alguns deles.

gumas dúzias de prisioneiros, alguns dos quais foram claramente identificados como espiões. Outros eram *"refuseniks"* [cidadãos soviéticos de origem judaica cuja emigração não era permitida]. Os prisioneiros trabalhavam oito horas por dia, seis dias por semana, e recebiam 250 rublos (40 dólares estadunidenses) por mês.[51]

E quanto ao enorme número de prisioneiros políticos que supostamente existiam nos outros "Estados comunistas policiais totalitários" do Leste Europeu? Por que não há nenhuma evidência da libertação em massa deles na era pós-comunista? E onde está a multidão de prisioneiros políticos em Cuba? Questionado sobre isso, o professor Alberto Prieto, da Universidade de Havana, indicou que mesmo um relatório recente do Departamento de Estado sobre direitos humanos mostrou que centenas de pessoas foram torturadas, mortas ou "desaparecidas" em quase todos os países da América Latina, mas mencionou apenas seis supostos prisioneiros políticos em Cuba (*People's Weekly World*, 26 fev. 1994).

Se houve atrocidades em massa até os últimos dias do comunismo, por que os novíssimos regimes anticomunistas instalados não aproveitaram a oportunidade para levar os antigos líderes comunistas à justiça? Por que não houve nenhum julgamento público no estilo de Nurembergue, documentando atrocidades generalizadas? Por que não foram capturadas e julgadas as centenas de líderes de partido e oficiais do serviço de segurança, além de milhares de guardas dos campos,pelos milhões de pessoas que eles supostamente exterminaram? O

---

[51] À guisa de comparação, segundo o artigo "Income Distribution in the u.s.s.r. in the 1980s", *Review of Income and Wealth*, v. 39, n. 1, março 1993, p. 23, de Michael Alexeev, da Universidade de Indiana, e Clifford Gaddy, da Brookings Institution, a renda média na União Soviética em 1989 era de 151,3 rublos. (N.T.)

melhor que os alemães ocidentais conseguiram foi condenar o líder da Alemanha Oriental, Erich Honecker, várias outras autoridades e sete guardas de fronteira por terem atirado em pessoas que tentaram escapar pelo Muro de Berlim, uma acusação grave, mas dificilmente indicativa de um *gulag*.

As autoridades da capitalista e ocidental República Federal da Alemanha (RFA) inventaram uma acusação de "traição" contra aqueles que serviram como autoridades, oficiais militares, soldados, juízes, advogados e outras pessoas da agora defunta República Democrática Alemã (RDA), um país soberano, que anteriormente havia sido membro pleno das Nações Unidas e cuja maioria da população jamais havia sido cidadã da RFA. Até 1996, mais de trezentos casos de "traição" foram julgados, inclusive o do antigo chefe da inteligência da RDA, o de um ministro da Defesa, além de o de seis generais, todos indiciados por executar aquilo que fazia parte de suas obrigações legais sob a Constituição e as leis da RDA, em alguns casos lutando contra o fascismo e as sabotagens da CIA. Muitos dos réus foram posteriormente inocentados, mas alguns foram condenados à prisão. O que testemunhamos aqui são os julgamentos de Nurembergue às avessas: membros da esquerda radical julgados por seus esforços antifascistas por procuradores da Alemanha Ocidental, solícitos com o fascismo, adotando uma aplicação retroativa do código penal da RFA para julgar cidadãos da RDA. No início de 1997, vários milhares de outros julgamentos ainda eram aguardados.[52]

---

[52] Em 1996, o vice-presidente do mais elevado tribunal da RDA, um homem chamado Reinwarth, que havia sido colocado em um campo de concentração pelos nazistas durante a guerra e que fora o juizpresidente em julgamentos que condenaram vários agentes da CIA por sabotagem, foi condenado a uma pena de três anos e meio de reclusão. Helene Heymann, que havia sido presa durante o regime de

Em 1995, Miroslav Stephan, o antigo secretário-chefe do Comitê Municipal do Partido Comunista da Tchecoslováquia em Praga, foi condenado a dois anos e meio de prisão por ordenar a polícia tcheca a usar gás lacrimogêneo e canhões de água contra manifestantes em 1988. Seria esse o melhor exemplo de opressão da esquerda radical que os restauradores capitalistas na Tchecoslováquia conseguiram encontrar? Uma ação que nem mesmo se qualifica como crime na maioria dos países ocidentais?

Em 1996, na Polônia, doze membros idosos da polícia política do período stalinista foram condenados à prisão por terem surrado e maltratado prisioneiros – há mais de cinquenta anos – durante a tomada comunista após a Segunda Guerra Mundial (*San Francisco Chronicle*, 9 mar. 1996). Novamente, pode-se imaginar por que lideranças pós-comunistas querendo levar tiranos comunistas à justiça não conseguiram encontrar nada mais grave para processá-los do que um caso de um ataque policial de meio século atrás.

Hitler por atividades antinazistas e mais tarde foi juíza na RDA, onde presidiu julgamentos antissabotagem, foi julgada em 1996. Quando sua condenação foi lida, o juiz mencionou que um fator adicional contra ela era o fato de ter sido treinada por um advogado judeu que havia sido advogado de defesa para comunistas e social-democratas. Soldados da RDA que serviram como guardas fronteiriços também foram julgados. Mais de vinte soldados da RDA foram mortos a tiros pelo lado ocidental em vários incidentes que não foram alvo de reportagens pela imprensa ocidental. Klaus Fiske, "Witchhunt Trials of East German Leaders Continue", *People's Weekly World*, 19 out. 1996. Esses julgamentos estão em direta violação do Tratado de Unificação da RFA/ RDA, que estipula que qualquer processo criminal de atos ocorridos na RDA deve ser realizado de acordo com as leis em vigor na RDA no momento em que ocorreram.

A maioria dos que foram encarcerados no *gulag* não era formada por prisioneiros políticos, e esse parece ser o caso de presos em outros países comunistas. Em 1989, quando o dramaturgo milionário Vaclav Havel se tornou presidente da Tchecoslováquia, ele concedeu anistia para cerca de dois terços da população carcerária do país, a qual não chegava a milhões, mas a milhares. Havel pressupôs que a maioria dos encarcerados sob o comunismo eram vítimas de repressão política e, portanto, mereciam ser libertados. Ele e seus aliados ficaram estarrecidos ao descobrir que um bom número dos libertos eram infratores experientes, que não perderam tempo em retomar suas atividades criminosas (*New York Times*, 18 dez. 1991).

Memórias de um subdesenvolvimento

No capítulo 2, discuti o papel da revolução popular para o avanço da condição humana. Essa análise se aplicaria igualmente a revoluções comunistas, e vale a pena reiterar isso no contexto atual. Ouvimos muito sobre os crimes do comunismo, mas quase nada sobre suas realizações. Os governos comunistas herdaram sociedades sobrecarregadas com o antigo legado da exploração econômica e do subdesenvolvimento. A maior parte do Leste Europeu, assim como a Rússia e a China pré-revolucionárias, eram, na verdade, uma região do Terceiro Mundo com pobreza generalizada e uma formação de capital quase inexistente. A maioria do transporte rural ainda era feita por cavalos e carroças.

A devastação da Segunda Guerra Mundial adicionou mais uma camada espessa de miséria sobre a região, reduzindo a escombros centenas de vilarejos e muitas cidades. Essas sociedades foram reconstruídas pelos comunistas e por seus aliados. Embora acusada pela imprensa estadunidense de deixar suas economias em péssimas condições, a esquerda radical, na verdade, deixou a economia do Leste Europeu em situação muito melhor do que a havia encontrado.

A mesma constatação vale para a China. Henry Rosemont Jr. observa que, em 1949, quando os comunistas libertaram Xangai do Kuomitang, o regime reacionário apoiado pelos Estados Unidos, cerca de 20% da população da cidade, aproximadamente 1,2 milhão de pessoas, era composta de dependentes químicos. Todas as manhãs, havia equipes especiais "cujo único trabalho era recolher os cadáveres de crianças, adultos e idosos que haviam sido assassinados durante a noite, ou haviam sido abandonados e morreram de doença, frio e/ou fome" (*Z Magazine*, outubro de 1995).

Durante o reinado de Stálin, a nação soviética obteve ganhos dramáticos em alfabetização, salários industriais, assistência médica e direitos femininos. Essas realizações normalmente não são mencionadas quando o período stalinista é discutido. Dizer que o "socialismo não funciona" é ignorar o fato de que ele funcionou. No Leste Europeu, na Rússia, China, Mongólia, Coreia do Norte e em Cuba, o comunismo revolucionário criou uma vida para a massa da população que era muito melhor do que a existência miserável que levavam sob o jugo de lordes feudais, chefes militares, colonizadores estrangeiros e capitalistas ocidentais. O resultado foi uma melhora radical nas condições de vida de milhões de pessoas em uma escala jamais vista na história, seja antes, seja depois.

O Estado socialista transformou países desesperadamente pobres em sociedades modernas, nas quais todos tinham comida, roupa e moradia suficientes, em que os idosos tinham aposentadorias garantidas, em que todas as crianças (e muitos adultos) frequentavam a escola e ninguém tinha tratamento médico negado. Alguns de nós, de famílias pobres que carregam ocultas as feridas de classe, ficamos muito impressionados com essas realizações e não estamos inclinados a descartá-las como meramente "economicistas".

Mas e quanto aos direitos democráticos que foram negados a essas pessoas? De fato, com a exceção da Tchecoslováquia, esses países haviam conhecido pouca democracia política no período anterior ao comunismo. A Rússia era uma autocracia tsarista, a Polônia, uma ditadura de direita com seus próprios campos de concentração, a Albânia, um protetorado fascista italiano desde 1927, Cuba, uma ditadura patrocinada pelos Estados Unidos. Lituânia, Hungria, Romênia e Bulgária eram regimes abertamente fascistas aliados à Alemanha nazista na Segunda Guerra Mundial.

Além disso, havia os efeitos deturpadores que o incessante cerco capitalista exercia sobre a construção do socialismo. Durante toda a sua história de 73 anos de invasão contrarrevolucionária, guerra civil, industrialização forçada, expurgos e deportações stalinistas, conquista nazista, Guerra Fria e corrida nuclear, a União Soviética não conheceu um único dia de desenvolvimento pacífico. Na tentativa de manter uma paridade militar com os Estados Unidos, os soviéticos assumiram despesas astronômicas com a defesa que exauriram consideravelmente sua economia civil. Além disso, sofreram boicote monetário, discriminação comercial e embargos tecnológicos do Ocidente. As pessoas que viveram sob o comunismo tiveram de enfrentar escassez crônica, longas filas, bens e serviços de baixa qualidade, além de muitos outros problemas. Elas queriam uma vida melhor. Quem poderia culpá-las? Sem o cerco capitalista, elas teriam tido melhores chances de resolver muitos de seus problemas internos.

Tudo isso não é para negar as muitas deficiências reais dos sistemas comunistas. Aqui, gostaria de ressaltar que boa parte do crédito pela deformação e derrubada do comunismo deveria ir para as forças ocidentais que se dedicaram incessantemente a essa tarefa, usando todos os meios políticos, econômicos e militares possíveis, além da agressão diplomática, a fim de obter um sucesso que continuará a custar muito caro para os povos do mundo.

6. O PARAÍSO DO LIVRE MERCADO CHEGA AO LESTE EUROPEU (I)

A restauração capitalista nos antigos países comunistas tomou diferentes formas. No Leste Europeu e na União Soviética, envolveu a derrubada de governos comunistas. Na China, ele se desenvolveu dentro da estrutura de um sistema comunista – como parece ser o caso no Vietnã e, talvez no futuro, na Coreia do Norte e em Cuba. Embora o governo chinês continue sob uma liderança nominalmente comunista, o processo de penetração do capital privado continua mais ou menos desimpedido.

Supressão da esquerda

Os anticomunistas que tomaram o poder no Leste Europeu e na União Soviética em 1989-1991 começaram a impor o domínio burguês sobre a vida política e cultural, expurgando comunistas do governo, da mídia, das universidades, do mundo do trabalho e dos tribunais. Embora se apresentassem como reformistas democráticos, eles logo ficaram impacientes com o modo como as formas democráticas de resistência popular limitavam seus esforços para instalar um capitalismo selvagem de livre mercado.

Na Rússia, aliados do presidente Boris Iéltsin falavam dos "perigos da democracia" e reclamavam, dizendo que "a maioria dos organismos representativos havia se tornado um obstáculo para as nossas reformas [de mercado]" (*Nation*, 2 dez. 1991 e 4 maio 1992). Aparentemente, o livre mercado, considerado pelos "reformistas" como a própria base da democracia política, não poderia ser introduzido por meios democráticos. Em 1992, os presidentes da Polônia, Tchecoslováquia e Rússia exigiram que seus parlamentos fossem suspensos e que eles tivessem o poder de governar por meio de decretos presidenciais, com medidas repressivas contra aqueles "inflexíveis" e "ultrapassados" que resistiam às "reformas" do livre mercado. O objetivo não era dar poder ao povo, mas lucros aos privilegiados.

Esse processo de democratização via repressão começou antes mesmo da efetiva derrubada do comunismo. Em 1991, o presidente soviético Mikhail Gorbachov, pressionado pelo presidente russo Iéltsin, anunciou que o Partido Comunista da União Soviética (PCUS) não tinha mais *status* legal. Os edifícios e fundos dos membros do partido foram confiscados. Os trabalhadores foram proibidos de participar de qualquer tipo de atividade política no local de trabalho. Seis jornais de esquerda foram abolidos, ao passo que todas as outras publicações, muitas delas abertamente reacionárias, desfrutaram de distribuição ininterrupta. A mídia estadunidense, e mesmo muitos na esquerda estadunidense, saudaram esses atos de repressão como "um caminho em direção às reformas democráticas".

Gorbachov então ordenou que o Congresso Soviético fosse dissolvido. Ele era um polo muito resistente à mudança. Na verdade, o Congresso não era oposto ao debate democrático nem a eleições multipartidárias; isso já ocorria na prática. Ele resistia ao capitalismo selvagem do livre mercado e, por esse motivo, tinha de ser eliminado. Gorbachov muitas vezes cortava microfones durante debates e ameaçava abolir o Congresso por conta própria mediante um decreto emergencial. Ele forçou uma votação três vezes, até que conseguiu aprovar a abolição. Esses métodos truculentos foram relatados na imprensa estadunidense sem nenhum comentário crítico.

O que deu a Iéltsin e a Gorbachov a justificativa para buscar esse caminho repressivo foi o curioso incidente de agosto de 1991, quando um grupo nervoso de lideranças, proferindo frases vagas sobre a deterioração da vida na União Soviética, tentou dar um "golpe" bizarramente orquestrado contra o governo de Gorbachov, que fracassou antes mesmo de começar. Semanas mais tarde, o *Washington Post* (26 set. 1991) observou alegremente que a derrota do golpe foi um triunfo para a classe endinheirada soviética. Entre os oponentes militantes do golpe estavam empreendedores da iniciativa privada e milhares de membros da bolsa de valores russa, que rotineiramente ganhavam vinte vezes mais do que o salário médio dos cidadãos soviéticos comuns. Eles se dirigiam para "as ruas de Moscou para defender seu direito de fazer negociatas. O golpe foi frustrado, a democracia triunfou. [...] Homens de negócios do setor privado contribuíram com mais de 15 milhões de rublos para a compra de alimentos e equipamentos para os defensores". Um corretor ficou impressionado com quão poucos trabalhadores responderam ao chamado de Iéltsin para defender a democracia.

A ousadia dessa classe de investidores em face de um golpe armado pode ter outra explicação. Boris Kagarlitsky, um crítico socialista do comunismo, argumentou: "De fato, não houve nenhum golpe." Os soldados estavam desarmados e confusos, os tanques convocados estavam sem direcionamento, "e os líderes do assim chamado golpe jamais tentaram tomar o poder de maneira minimamente séria". O golpe real, diz Kagarlitsky, veio no rescaldo dos acontecimentos, quando Boris Iéltsin usou o incidente para exceder seus poderes constitucionais e desmantelar a própria União Soviética, absorvendo todos os poderes desta na República Russa, sob seu comando. Embora alegasse estar desfazendo o "antigo regime", Iéltsin derrubou o novo governo democrático soviético de 1989-1991.

No final de 1993, em face de forte resistência popular a suas políticas austeras de livre mercado, Iéltsin foi além. Ele destituiu à força o Parlamento russo e todos os outros organismos representativos eleitos no país, inclusive câmaras de vereadores e conselhos regionais. Ele aboliu o Tribunal Constitucional da Rússia e lançou um ataque armado contra o prédio do Parlamento, matando aproximadamente 2 mil manifestantes e opositores. Milhares mais foram presos sem acusação nem julgamento, e centenas de representantes eleitos foram postos sob investigação.

Iéltsin baniu sindicatos trabalhistas de todas as atividades políticas, reprimiu dezenas de publicações, exerceu controle monopolista sobre toda a mídia de radiodifusão e tornou permanentemente ilegais quinze partidos políticos. Ele unilateralmente anulou a Constituição existente e apresentou ao público uma nova que dava ao presidente poderes quase absolutos sobre políticas, ao mesmo tempo que reduzia parlamentares eleitos de forma democrática praticamente à impotência.[53] Por esses crimes, ele foi saudado como defensor da democracia pela mídia e pelas lideranças estadunidenses. O que eles mais gostavam em Iéltsin era que ele "jamais titubeou em seu apoio às privatizações" (*San Francisco Chronicle*, 6 jul. 1994).[54]

Iéltsin, o "democrata", suspendeu duas vezes a publicação do jornal do Partido Comunista, o *Pravda*. Ele cobrou do jornal um aluguel exorbitante para o uso de suas próprias instalações. Então, em março de 1992, ele confiscou o prédio de doze anda-

---

[53] A nova Constituição foi aparentemente aprovada em um referendo de dezembro de 1993. Porém, a comissão indicada pelo próprio Iéltsin descobriu que apenas 46% dos eleitores elegíveis haviam participado, em vez dos 50% requeridos para ratificar uma constituição (*Los Angeles Times*, 3 jun. 1994). Pouca importância foi dada ao fato de que Iéltsin governava com base em uma Constituição ilegal.

[54] Para um relato mais detalhado da repressão de Iéltsin e do encobrimento que ela recebeu na mídia estadunidense, ver "Yeltsin's Coup and the Media's Alchemy", em Michael Parenti, *Dirty Truths* [Verdades sujas] (São Francisco: City Lights Book, 1996).

res do jornal e transferiu sua propriedade integral para o *Russiskaye Gazeta*, um jornal do governo (pró-Iéltsin).

As tropas de "elite" Omon de Iéltsin atacavam repetidamente manifestações e piquetes de esquerda em Moscou e outras cidades russas. Os deputados parlamentares Andrei Aidzerdzis, independente, e Valentin Martemyanov, comunista, que se opunham vigorosamente ao governo de Iéltsin, foram vítimas de assassinato político. Em 1994, o jornalista Dmitri Kholodov, que investigava corrupção no alto escalão do governo, também foi assassinado.

Em 1996, Iéltsin venceu a reeleição para presidente, derrotando um rival comunista que representava um sério desafio. Sua campanha foi auxiliada por equipes de consultores eleitorais estadunidenses, os quais usaram técnicas sofisticadas de pesquisas eleitorais e discussões em grupo.[55] Iéltsin também se beneficiou de doações multimilionárias de fontes estaduniden-

---

[55] Esses consultores políticos estadunidenses operavam em estrito sigilo para evitar que fossem vistos como agentes que estariam interferindo em questões russas – algo que efetivamente faziam. Eles aconselhavam Iéltsin a evitar discursos longos e recomendavam o uso de mais frases de efeito e encenações fotográficas. Eles indicavam questões e imagens que ele poderia explorar e aquelas que deveria evitar. O cientista político Larry Sabata, opositor de longa data ao envolvimento de consultores estadunidenses em eleições estrangeiras, observou que cidadãos estadunidenses podem perder sua cidadania caso votem em uma eleição estrangeira. "Por que, então, deveria ser aceitável influenciar milhões de votos em uma eleição estrangeira?" Acrescentaríamos que não se permite a nenhum estrangeiro que contribua financeiramente para candidatos nos Estados Unidos nem que trabalhe em suas equipes de campanha. Mas líderes estadunidenses podem enviar grandes somas e equipes secretas de consultores para manipular e influenciar eleições estrangeiras. Esse é apenas um exemplo do padrão duplo sob o qual a política estadunidense opera.

ses e de um pacote de ajuda de 10 bilhões de dólares estadunidenses do Fundo Monetário Internacional e do Banco Mundial. Igualmente importante para a vitória foi a contagem desonesta de urnas (conforme relatada de maneira apressada em uma matéria do noticiário de fim de noite da rede estadunidense ABC em julho de 1996).

Iéltsin exercia o controle monopolista sobre as redes de TV russas, desfrutando de uma cobertura de campanha que representava uma promoção sem fim de relações públicas. Em contraste, os candidatos da oposição eram completamente ignorados, recebendo apenas uma cobertura passageira, se tanto. A reeleição de Iéltsin foi saudada no Ocidente como uma vitória da democracia; na verdade, foi uma vitória do capital privado e da mídia monopolista, o que não é sinônimo de democracia, embora frequentemente seja tratada dessa maneira pelos líderes e formadores de opinião estadunidenses.

O compromisso de Iéltsin era com o capitalismo, não com a democracia. Em março de 1996, vários meses antes da eleição, quando as pesquisas mostravam que ele estava atrás do candidato comunista, Gennadi Zyuganov, Iéltsin ordenou a preparação de decretos "que teriam cancelado a eleição, fechado o Parlamento e banido o Partido Comunista" (*New York Times*, 2 jul. 1996). Porém, ele foi dissuadido por conselheiros que temiam que as medidas pudessem incitar resistência excessiva. Embora tenha decidido não cancelar as eleições, "Iéltsin jamais esteve empenhado em transferir o governo para um comunista caso perdesse" (*San Francisco Chronicle*, 26 jul. 1996).

Durante a campanha de 1996, Iéltsin e seus aliados anunciaram repetidamente que uma vitória comunista traria uma "guerra civil". Na verdade, eles estavam externando sua disposição em descartar a democracia e lançar mão da força e da violência caso não fossem vitoriosos nas eleições. Tampouco isso foi levado como uma ameaça vazia. Em determinado momento, as pesquisas mostravam que "cerca de metade da população acreditava que haveria uma guerra civil caso os comunistas vencessem" (*Sacramento Bee*, 9 jul. 1996).

Durante todo esse processo, Iéltsin recebeu apoio resoluto da Casa Branca e da mídia estadunidense. Um editorial no jornal *Nation* (17 jun. 1996) perguntava: o que aconteceria se um presidente *comunista* eleito popularmente na Rússia implementasse as duras políticas de privatização de Iéltsin, empurrando o país para a pobreza, transferindo seus ativos mais valiosos para um pequeno segmento de antigas autoridades comunistas, reprimindo elementos dissidentes, usando tanques para dissolver um parlamento eleito popularmente que se opusesse a suas políticas, reescrevendo a Constituição para conferir a si mesmo poderes quase ditatoriais, e fazendo todas as outras coisas que Iéltsin fez? Os líderes estadunidenses dedicar-se-iam com entusiasmo à reeleição desse presidente "comunista" e ficariam praticamente em silêncio sobre suas transgressões?

A pergunta é retórica; o editorial do *Nation* presume que a resposta seja não. Na verdade, eu responderia que é claro que sim. Os líderes estadunidenses não teriam nenhum problema em apoiar esse presidente "comunista", pois ele seria comunista apenas na teoria. Em termos efetivos, ele seria um agente dedicado da restauração capitalista. Basta olhar para como administrações sucessivas em Washington têm cultivado relações amistosas com as atuais lideranças comunistas na China, fazendo vista grossa para suas transgressões e até mesmo encontrando justificativas para elas. Conforme os líderes chineses abrem seu país para investimentos privados e cresce a desigualdade econômica, eles oferecem uma força de trabalho empobrecida pronta para trabalhar mais de dez horas diárias por um salário de subsistência – propiciando um lucro enorme para as transnacionais. Líderes políticos e econômicos estadunidenses sabem o que estão fazendo, mesmo que alguns editorialistas neste país não saibam. Eles estão de olho no dinheiro, não na cor da carteira onde ele se encontra.

Desde a derrubada do comunismo, forças de direita do livre mercado em vários países do Leste Europeu desfrutaram de ajuda financeira e organizacional significativa de agências financiadas pelos Estados Unidos, como o National Endowment for Democracy, o Free Trade Union Institute (um grupo intimamente vinculado à CIA), parte da central operária AFL--CIO, e a Free Congress Foundation, organização baseada em ideologia religiosa conservadora e anticomunista.[56]

Comunistas e outros marxistas sofreram repressão política por todo o Leste Europeu. Na Alemanha Oriental, o Partido do Socialismo Democrático teve sua propriedade e escritórios, pagos por membros do partido, confiscados em uma tentativa de levá-lo à falência. Na Letônia, o ativista comunista Alfrēds Rubiks, que protestava contra as desigualdades da "reforma" de livre mercado, foi mantido na prisão por anos sem direito a julgamento. Na Lituânia, líderes comunistas foram torturados e, em seguida, aprisionados por longos períodos. O presidente anticomunista da Geórgia, Zviad Gamsakhurdia, aprisionou oponentes de cerca de setenta grupos políticos sem que tivessem direito a julgamento (*San Francisco Chronicle*, 17 abr. 1991). A Estônia realizou "eleições livres" nas quais 42% da população foi proibida de votar em razão de seus antepassados russos, ucranianos ou bielorrussos. Russos e outras minorias foram excluídos de muitos empregos e enfrentaram discriminação em termos de moradia e educação. A Letônia também privou de direitos políticos os russos e pessoas de outras nacionalidades,

---

[56] O leitor ou a leitora poderá querer consultar dois estudos aprofundados sobre a desestabilização da União Soviética pelo Ocidente do já falecido Sean Gervasi: *Covert Action Quarterly*, outono de 1990/inverno de 1991-1992.

muitos dos quais haviam vivido no país por quase meio século. Um belo florescimento da democracia.[57]

Democracia de mão única

Mais importante que um governo democrático era a "reforma" de livre mercado, um código para a restauração capitalista. Enquanto a democracia pudesse ser utilizada para desestabilizar os governos comunistas de partido único, ela era defendida pelas forças da reação. Porém, quando a democracia ia *contra* a restauração do livre mercado, o resultado era menos tolerado.

Em 1990, na Bulgária, a restauração capitalista não saiu de acordo com o plano. Apesar do auxílio financeiro e organizacional generoso de fontes estadunidenses, inclusive da Free Congress Foundation, os conservadores búlgaros perderam para os comunistas, em uma eleição considerada aberta e justa por observadores da Europa Ocidental. O que se seguiu foi uma série coordenada de greves, manifestações, pressões econômicas, atos de sabotagem, além de outros transtornos reminiscentes das campanhas orquestradas pela CIA contra governos de esquerda em países como Chile, Jamaica, Nicarágua e Guiana Britânica. No intervalo de cinco meses, a oposição de livre mercado forçou o governo comunista eleito democraticamente a renunciar. Os comunistas búlgaros "protestaram, dizendo que

---

[57] O foco aqui é principalmente os antigos países comunistas do Leste Europeu e a Rússia, mas repressões similares e ainda mais sangrentas contra revolucionários de esquerda depostos ocorreram no Afeganistão e no Iêmen do Sul. Em 1995, na Etiópia, 3 mil antigos membros do governo socialista de Mengistu Haile Mariam foram julgados pela execução do imperador Haile Selassie, o déspota feudal que havia dirigido o país no passado.

os Estados Unidos haviam violado princípios democráticos ao antagonizar autoridades livremente eleitas".[58]

O mesmo padrão emergiu na Albânia, onde o governo comunista democraticamente eleito obteve uma vitória acachapante nas eleições, apenas para se ver às voltas com manifestações, uma greve geral, pressões econômicas do exterior e campanhas de interferência financiadas pelo National Endowment for Democracy e outras fontes estadunidenses. Depois de dois meses, o governo comunista caiu. Assim que a direita tomou o poder, foi aprovada uma nova lei que negava aos comunistas albaneses e outros oponentes da restauração capitalista o direito ao voto e à participação em outras atividades políticas. Como recompensa por terem estendido os direitos democráticos a todos os cidadãos, os comunistas albaneses e todos os antigos funcionários públicos e juízes perderam seus direitos civis.

Nas eleições albanesas de 1996, os socialistas e outros partidos de oposição – em relação aos quais a previsão era de que se sairiam bem – retiraram suas candidaturas horas antes de as urnas serem fechadas em protesto contra a votação "ostensivamente fraudada". Monitores eleitorais da União Europeia e dos Estados Unidos disseram que testemunharam inúmeros casos de intimidação policial e de enchimento de urnas com votos fraudulentos. O Partido Socialista teve seu último comício de campanha proibido e vários líderes proeminentes foram impedidos de concorrer às eleições em razão de suas antigas filiações comunistas (*New York Times*, 28 maio 1996). Quando os socialistas e seus aliados tentaram realizar demonstrações de protesto, foram atacados pelas forças de segurança albanesas, que bateram e lesionaram dezenas de manifestantes (*People's Weekly World*, 11 maio 1996 e 1º jun. 1996).

---

[58] Para mais informações sobre a Bulgária, ver o relatório de William Blum em *Covert Action Quarterly*, inverno de 1994-1995.

Grupos abertamente antissemitas, partidos criptofascistas e campanhas de ódio surgiram na Rússia, Polônia, Hungria, Ucrânia, Bielorrússia, Tchecoslováquia e Romênia. Museus que celebravam a heroica resistência antifascista foram fechados, e monumentos em homenagem à luta contra o nazismo foram demolidos. Em países como a Lituânia, antigos criminosos de guerra nazistas foram exonerados, alguns até mesmo indenizados pelos anos que passaram na cadeia. Cemitérios judeus foram profanados e ataques xenofóbicos contra estrangeiros de pele mais escura aumentaram. Com a saída dos comunistas do poder, judeus e estrangeiros foram culpados pelos baixos preços das safras, inflação, crime e outros males sociais.

Em 11 de junho de 1995, o confessor pessoal de Lech Wałęsa, padre Henryk Jankowski, declarou durante uma missa em Varsóvia que a "Estrela de Davi está implicada na suástica, também na foice e no martelo" e que a "agressividade diabólica dos judeus foi responsável pela emergência do comunismo" e pela Segunda Guerra Mundial. O padre acrescentou que os poloneses não deveriam tolerar governos de pessoas ligadas ao dinheiro judeu. Wałęsa, que estava presente durante o sermão, declarou que seu amigo Jankowski não era um antissemita, mas havia simplesmente sido "mal interpretado". Em vez de retratar-se de seus comentários, Jankowski vomitou a mesma bile em uma entrevista subsequente para a televisão. Por volta dessa época, placares com os dizeres "Judeus, já para o gás" e "Abaixo a conspiração judaico-comunista" eram visíveis em uma manifestação do Solidariedade que reuniu 10 mil pessoas em Varsóvia – sem receber uma única palavra de censura da igreja ou das autoridades estatais (*Nation*, 7 ago. 1995).

As políticas econômicas do regime fascista de Pinochet no Chile eram abertamente admiradas pelo governo capitalista recém-instalado na Hungria. Em 1991, às vésperas do fim da União Soviética, economistas e figuras políticas de proa desse país participaram de um seminário sobre a economia chilena em Santiago, onde tiveram uma reunião cordial com o general Pinochet, um assassino em massa. O ditador chileno também ganhou uma entrevista amistosa na *Literaturnaya Gazeta*, uma importante publicação russa. O antigo chefe de segurança de Iéltsin, Aleksandr Lebed, é um admirador de Pinochet.

Em vez de serem transformados em Estados capitalistas, algumas nações comunistas foram totalmente obliteradas como entidades políticas. Além do exemplo óbvio da União Soviética, há o caso da República Democrática Alemã, ou Alemanha Oriental, que foi absorvida na República Federal da Alemanha. O Iêmen do Sul foi militarmente atacado e destruído pelo Iêmen do Norte. A Etiópia foi ocupada por forças do Tigré e da Eritreia que aprisionaram grandes números de etíopes sem julgamento; expropriaram propriedades etíopes; reprimiram a educação, os negócios e a mídia de notícias etíope; e impuseram um "cumprimento sistemático do tribalismo na educação e na organização política" (Tilahun Yilma, correspondência, *New York Times*, 24 abr. 1996).

Uma imposição sistemática de organização política tribalista também descreve bem o destino da Iugoslávia, uma nação que foi fragmentada por força militar em algumas pequenas repúblicas conservadoras sob a suserania das potências ocidentais. Com esse desmembramento, veio uma série de guerras, repressões e atrocidades cometidas por todos os lados da disputa.

Uma das primeiras repúblicas separatistas da Iugoslávia foi a Croácia, que, em 1990, foi dominada por uma camarilha direitista, que incluía antigos colaboradores nazistas, apoiada pelo poder armado protofascista da Guarda Nacional, sob uma constituição que relegava a sérvios, judeus, romani e muçulmanos o *status* de cidadãos de segunda classe. Sérvios foram expulsos da polícia e do serviço público, despejados de suas casas, expropriados de seus negócios e sujeitados a impostos prediais especiais. Jornais sérvios na Croácia foram fechados. Muitos sérvios foram expulsos das terras que haviam habitado por três séculos. Ainda assim, a Croácia foi saudada por seus apoiadores ocidentais como uma recém-nascida democracia.

Em 1996, o presidente da Bielorrússia, Alexander Lukashenko, um autoconfesso admirador das capacidades organizacionais de Adolph Hitler, fechou os jornais independentes e as estações de rádio e decretou extinto o Parlamento comandado pela oposição. Lukashenko obteve poder absoluto em um referendo no qual houve um comparecimento inflado, sem que ninguém soubesse quantos votos foram impressos nem como eles foram contados. Alguns líderes da oposição fugiram, temendo por suas vidas. "Anteriormente uma república soviética rica, que produzia tratores e TVs, a Bielorrússia agora é [um] caso de perdido" com um terço da população vivendo "em profunda pobreza." (*San Francisco Bay Guardian*, 4 dez. 1996)

Precisamos adorar Vaclav Havel?

Nenhuma figura entre os restauradores capitalistas no Leste Europeu recebeu mais adulação de autoridades, analistas da mídia e acadêmicos estadunidenses do que Vaclav Havel, um dramaturgo que se tornou o primeiro presidente da Tchecoslováquia pós-comunista e, mais tarde, presidente da República Tcheca. Os muitos simpatizantes de esquerda que também admiram Havel aparentemente ignoraram algumas coisas sobre ele: seu obscurantismo religioso reacionário, sua repressão antidemocrática de oponentes de esquerda e sua dedicação profunda à desigualdade econômica e a um capitalismo selvagem de livre mercado.

Educado por governantas e motoristas em uma família rica e fervorosamente anticomunista, Havel condenou o "culto da objetividade e da média estatística" da democracia e a ideia de que esforços sociais coletivos e racionais deveriam ser aplicados à resolução da crise ambiental. Ele clamava por um novo tipo de liderança política, que dependeria menos do "pensamento cognitivo, racional", que mostraria "humildade em face ao ordenamento misterioso do Ser" e "confiaria em sua própria subjetividade como seu principal vínculo com a subjetividade do mundo". Aparentemente, esse novo tipo de liderança seria um pensador elitista superior, não diferente do rei-filósofo de Platão, dotado de um "senso de responsabilidade transcendental" e de uma "sabedoria arquetípica".[59] Havel jamais explicou como a sabedoria arquetípica transcendental se traduziria em decisões reais de políticas, nem para benefício de quem e às custas de quem.

Havel rogou por esforços para preservar a família cristã na nação cristã. Apresentando-se como um homem da paz e declarando que jamais venderia armas para regimes opressores, ele vendeu armas para as Filipinas e o regime fascista na Tailândia. Em junho de 1994, houve um relato dando conta de que o general Pinochet, o homem que destroçou a democracia chilena, estava comprando armamentos na Tchecoslováquia – sem nenhuma objeção audível de Havel.

Havel mergulhou de cabeça na Guerra do Golfo de George Bush, um empreendimento que matou mais de 100 mil civis iraquianos. Em 1991, com outros líderes pró-capitalistas do Leste Europeu, Havel votou com os Estados Unidos para condenar violações de direitos humanos em Cuba. Mas jamais disse uma palavra para condenar as violações de direitos em El Salvador, na Colômbia, na Indonésia nem em nenhum outro estado-cliente dos Estados Unidos.

---

[59] Ver o artigo de opinião tolo de Havel no *New York Times* (1º mar. 1992); ele causou um silêncio constrangedor entre seus admiradores estadunidenses.

Em 1992, enquanto era presidente da Tchecoslováquia, Havel, o grande democrata, exigiu que o Parlamento fosse suspenso e que ele tivesse permissão para governar por decreto, a maneira ideal para forçar a aprovação das "reformas" de livre mercado. Nesse mesmo ano, ele assinou uma lei que tornou a defesa do comunismo um crime com pena de até oito anos de prisão. Ele alegou que a Constituição tcheca requeria que ele assinasse essa lei. Na verdade, como ele sabia, a lei violava a Carta de Direitos Humanos incorporada à Constituição tcheca. Em todo caso, ela não dependia de sua assinatura para se tornar lei. Em 1995, ele apoiou e assinou outra lei antidemocrática que proibia comunistas e antigos comunistas de serem contratados por instituições públicas.

A propagação do anticomunismo permaneceu uma das principais prioridades de Havel. Ele liderou "uma campanha internacional desenfreada" (*San Francisco Chronicle*, 17 fev. 1995) para manter em funcionamento duas estações de rádio da época da Guerra Fria, financiadas pelos Estados Unidos, a Radio Free Europe e a Radio Liberty, para que continuassem saturando o Leste Europeu com sua propaganda anticomunista.

Sob o governo de Havel, foi aprovada uma lei que criminalizava a propagação de ódio de classe, religioso e nacional. Na verdade, foram as críticas aos interesses do grande capital que passaram a ser ilegais, sendo injustificadamente amontoadas com intolerância étnica e religiosa. O governo de Havel alertou os sindicatos de trabalhadores para que não se envolvessem na política. Alguns sindicatos militantes tiverem suas propriedades confiscadas e transferidas para sindicatos submissos.

Em 1995, Havel anunciou que a "revolução" contra o comunismo não estaria completa até que tudo fosse privatizado. O governo de Havel vendeu as propriedades da União Socialista dos Jovens – que incluíam acampamentos, salões de recreação e instalações culturais e científicas para crianças –, colocando-

-as sob a gestão de cinco empresas de capital aberto, à custa da juventude que foi abandonada para perambular pelas ruas.

Sob os programas de privatização e "restituição" tchecos, fábricas, lojas, imóveis, casas e grande parte das terras públicas foram vendidos a preços de ocasião para capitalistas locais e estrangeiros. Na República Tcheca e na Eslováquia, antigos aristocratas ou seus herdeiros receberam de volta todas as terras que suas famílias detinham antes de 1918 sob o Império Austro--Húngaro, desapropriando os ocupantes anteriores e levando muitos à indigência. O próprio Havel assumiu a propriedade de imóveis públicos que haviam pertencido a sua família quarenta anos antes. Apesar de se apresentar como um homem dedicado a fazer o bem para outros, ele mesmo se deu muito bem. Por esses motivos, alguns de nós não nutrem muita simpatia em relação a Vaclav Havel.

A colonização do Leste Europeu

Assim que os restauradores capitalistas no Leste Europeu e na antiga União Soviética tomaram o poder do Estado, trabalharam muito para se certificar de que a nova ordem de saque empresarial, ganância individual, baixos salários, cultura *pop* sem conteúdo e democracia eleitoral limitada começasse a fazer efeito. Eles se empenharam em desmantelar a propriedade pública de produção e toda a rede de programas sociais que no passado havia servido ao público. Eles integraram os antigos países comunistas ao sistema capitalista global ao expropriarem sua terra, mão de obra, recursos naturais e mercados, transformando-os rapidamente em nações empobrecidas do Terceiro Mundo. Tudo isso foi saudado na imprensa empresarial estadunidense como um grande progresso para a humanidade.

Os antigos países comunistas estão sendo recolonizados pelo capital ocidental. A maior parte do seu comércio exterior é agora controlada por empresas transnacionais. Como os países do Terceiro Mundo, eles estão cada vez mais privados dos mercados de seus pares. O antigo comércio intenso e mutuamente benéfico entre eles foi reduzido a quase nada, conforme suas economias são vinculadas às necessidades extrativas e de investimento do capitalismo global. Em vez de desenvolvimento mútuo, eles agora experimentam o subdesenvolvimento imposto pelo capital monopolista global.

Empresas transnacionais estão se mudando para a Rússia a fim de explorar as vastas reservas de petróleo e gás natural e os ricos depósitos minerais a um enorme lucro para elas e com poucos benefícios para a população russa. A despeito dos protestos de ambientalistas russos e estadunidenses, o setor madeireiro dos Estados Unidos, com apoio financeiro de um fundo de risco patrocinado pelo Pentágono, se prepara para desmatar a imensidão siberiana, uma região onde se encontra um quinto das florestas do planeta e que é o *habitat* de muitas espécies raras (*New York Times*, 30 jan. 1996).

Toda ajuda aos antigos países comunistas acaba concentrada no setor privado. Conforme observado no jornal britânico *Guardian* (19 nov. 1994): "As centenas de milhões de dólares levantadas pelos programas de ajuda ocidentais beneficiaram principalmente as empresas ocidentais que foram para o Leste Europeu e embarcaram nesse trem da alegria". Quando a Romênia inaugurou um mercado exageradamente extravagante para negociar ações das privatizações, os 20 milhões de dólares dos "custos iniciais foram amplamente cobertos pela Agência Internacional de Desenvolvimento dos Estados Unidos" (*Wall St. Journal*, 17 set. 1996).

Em 1996, o Fundo Monetário Internacional estendeu um empréstimo de 10,2 bilhões de dólares para a Rússia, condicionado à privatização de ativos agrícolas e de outras estatais, além da eliminação de serviços sociais e subsídios a combustíveis. O auxílio estadunidense é usado para ajudar investidores privados a comprarem bens públicos e extraírem matérias-primas de propriedade pública de países do Leste Europeu sob as mais favoráveis condições de investimento.

Com o advento do investimento privado nessa região, a produção não aumentou conforme o prometido, mas caiu drasticamente. Centenas das empresas estatais mais atraentes e solventes foram privatizadas, muitas vezes entregues a preços simbólicos para investidores estrangeiros, enquanto outras são enforcadas ou levadas à falência. Entre 1989 e 1995, naquilo que agora é a República Tcheca, cerca de 80% de todas as empresas foram privatizadas – e a produção industrial encolheu em dois terços. As privatizações na Polônia acarretaram na diminuição em um terço da produção industrial entre 1989 e 1992. Amplos complexos eletrônicos e de alta tecnologia na Alemanha Oriental, que empregavam dezenas de milhares de trabalhadores, foram entregues para empresas gigantescas da Alemanha Ocidental e, em seguida, fechados. Sob privatização, boa parte da antiga infraestrutura científica e técnica da antiga União Soviética está sendo desmantelada, bem como suas instalações físicas.

Desde que foi privatizada, a ZiL, uma enorme fábrica em Moscou, viu sua produção de caminhões despencar de 150 mil para 13 mil unidades ao ano, com quase 40% de sua força de trabalho dispensada. Em abril de 1996, os trabalhadores que restavam fizeram uma petição ao governo russo para que retomasse o controle da ZiL. Antigamente, os trabalhadores da ZiL e seus parentes "tinham empregos extremamente seguros" na fábrica. Eles moravam em apartamentos e frequentavam escolas fornecidas pela ZiL. Quando bebês, passavam seus dias em creches da ZiL, e, quando ficavam doentes, eram tratados por médicos da ZiL. "Cresci em um país que se preocupava com seus trabalhadores", disse um operário, que agora se arrependia de ter se oposto a esse sistema (*New York Times*, 8 maio 1994).

Na Macedônia, uma das repúblicas separatistas da Iugoslávia, um representante sindical observou: "A privatização parece significar a destruição das nossas empresas". Os macedônios pareciam mais preocupados com as adversidades econômicas do livre mercado do que com as rivalidades étnicas tão divulgadas. Eles reclamavam sobre como o trabalho havia dominado suas vidas: "Ninguém mais tem tempo para cuidar dos outros; não há mais tempo sequer para você mesmo – somente tempo para ganhar dinheiro" (reportagem do canal de televisão pública estadunidense PBS, 16 jan. 1995).

A produção agropecuária de cereais, milho, gado e de outros produtos despencou nos antigos países comunistas, conforme milhares de fazendas cooperativas eram destruídas à força. Os novos fazendeiros privados tinham lotes pequenos, muitas vezes não conseguiam obter empréstimos, sementes, fertilizantes nem equipamento, e perdiam rapidamente suas propriedades ou revertiam à agricultura de subsistência. As cooperativas agrícolas da Hungria haviam sido um setor da economia socialista que apresentava um bom desempenho. Mas, com as privatizações, a produção agrícola caiu 40% em 1993 (*Los Angeles Times*, 29 jan. 1994).

Na Bulgária, país que foi considerado o celeiro do Leste Europeu no passado, houve uma deterioração drástica na produção agrícola, causando graves problemas na oferta de pão em 1996. A Bulgária também sofria com uma inflação mensal de 20% e afundava naquele familiar ciclo da dívida externa, cortando serviços públicos para se qualificar para receber empréstimos do FMI e tomando empréstimos para pagar empréstimos anteriores. "O governo [búlgaro] precisa impor mais medidas de austeridade de livre mercado para obter empréstimos internacionais vitais, a fim de quitar porções da dívida externa de 9,4 bilhões de dólares estadunidenses." (*San Francisco Chronicle*, 18 jul. 1996)

Em 1992, o governo lituano decretou que antigos proprietários e seus descendentes poderiam recuperar bens confiscados durante a era socialista. Assim, dezenas de milhares de famílias de agricultores, cerca de 70% da população rural, foram despejados da terra na qual trabalharam por mais de meio século, destruindo, durante esse processo, a base agrícola do país.

Boa parte da produção da Alemanha Oriental foi desmantelada, a fim de impedir a concorrência com empresas alemãs-ocidentais. Isso ficou especialmente evidente quando a agricultura coletiva foi fragmentada, com vistas a proteger fazendas privadas altamente subsidiadas e menos produtivas da Alemanha Ocidental.[60] Sem nenhuma indenização, os capitalistas alemães-ocidentais agarraram quase todos os bens socializados da RDA, incluindo fábricas, usinas, apartamentos e outros imóveis, além do sistema de saúde – ativos avaliados em aproximadamente 2 trilhões de dólares –, naquilo que representou a maior expropriação de patrimônio público pelo capital privado na história da Europa.

O resultado de toda essa privatização de livre mercado na Alemanha Oriental é que os aluguéis, que anteriormente representavam 5% da renda dos cidadãos, agora haviam subido para quase dois terços de sua renda; da mesma forma, os custos de transportes, creche, saúde e educação superior escalaram além do alcance de muitos.

Alemães-orientais de várias orientações políticas têm uma serie de reclamações: (a) o fluxo líquido de dinheiro foi do Leste para o Oeste, representando uma colonização do lado oriental; (b) o livre mercado é um mito: a economia alemã-ocidental

---

[60] Ver a reportagem de Robert McIntyre em *Monthly Review*, dez. 1993.

é altamente subsidiada e totalmente regulada, mas contra os interesses da porção oriental; (c) a polícia da Alemanha Ocidental é muito mais brutal do que a polícia da Alemanha Oriental; (d) se a Alemanha Ocidental tivesse se "desnazificado" de maneira remotamente próxima àquela como forçou a Alemanha Oriental a se "dessocializar", ela seria um país completamente diferente (*Z Magazine*, jul. 1992).

Quanto a este último ponto, deve-se observar que autoridades alemãs vêm denunciando criminalmente aqueles que "colaboraram" com a RDA em qualquer capacidade oficial, até mesmo professores e administradores com baixo perfil político.[61]

Exilados políticos de países comunistas ficam assombrados com a quantidade de burocracia que encontram no Ocidente. Dois imigrantes soviéticos no Canadá se queixaram, de maneira independente um do outro, de que "a burocracia aqui é ainda pior do que a de onde vim" (*Monthly Review*, maio 1988). Alemães-orientais morando no Ocidente ficavam chocados com a inundação de formulários complicados que tinham de preencher para fins tributários, para o seguro-saúde, o seguro de vida, o seguro-desemprego, a requalificação profissional, os subsídios de aluguel e as contas bancárias. Além disso, "em razão do tipo de informações pessoais que precisavam fornecer, eles se sentiam mais observados e espionados do que eram pela Stasi [o serviço de segurança da RDA]" (*Z Magazine*, jul. 1992).

Judeus soviéticos que emigraram para Israel durante o período da Guerra Fria experimentaram uma desilusão similar com as dificuldades da vida e a falta de idealismo. As cartas desanimadoras que enviavam para casa foram consideradas

---

[61] Milhares de pessoas como antigas autoridades, juízes e outros indivíduos da RDA foram presos ou estão enfrentando penas de prisão por "traição". Ver a discussão no capítulo 5.

um fator importante na queda da imigração da União Soviética para Israel.

Com a restauração capitalista a todo vapor, as populações dos antigos países comunistas tiveram amplas oportunidades para aprender como era a vida no paraíso do livre mercado. Suas experiências são detalhadas no próximo capítulo.

7. O PARAÍSO DO LIVRE MERCADO CHEGA AO LESTE EUROPEU (II)

Propagandistas do livre mercado nos antigos países comunistas alegavam que, conforme o capital fosse privatizado e acumulado em poucas mãos, a produção seria estimulada e a prosperidade estaria ao alcance de todos. Primeiro, contudo, haveria um "período difícil" a ser ultrapassado. O período difícil está provando ser bem mais grave e prolongado do que o previsto, e pode muito bem ser a condição permanente da restauração capitalista.

Para víboras e sanguessugas

Em 1990, conforme a União Soviética se preparava para seu mergulho fatal no paraíso do livre mercado, Bruce Gelb, chefe da Agência de Informações dos Estados Unidos, disse a um repórter que os soviéticos iriam se beneficiar economicamente da educação de negócios estadunidense em razão "das víboras, das sanguessugas, dos atravessadores – é isso o que precisa ser reabilitado na União Soviética. É isso o que faz nosso tipo de país funcionar!" (*Washington Post*, 11 jun. 1990).

Hoje em dia, os antigos países comunistas e a China funcionam desbragadamente com víboras e sanguessugas. Milhares de carros de luxo têm aparecido nas ruas de Moscou e Praga. Os preços dos aluguéis e dos imóveis foram às alturas. Várias bolsas de valores surgiram na China e no Leste Europeu, dezesseis somente na antiga União Soviética. E uma nova classe de investidores, especuladores e quadrilhas está chafurdando no dinheiro. A meta professada não é mais oferecer uma vida melhor para todos os cidadãos, mas maximizar as oportunidades para que indivíduos acumulem fortunas pessoais.

Maior opulência para a minoria cria maior pobreza para a maioria. Como uma jovem jornalista na Rússia descreveu: "Cada vez que alguém fica mais rico, eu fico mais pobre" (*New York Times*, 15 out. 1995). Na Rússia, o padrão de vida da família média caiu quase pela metade desde que as "reformas" de mercado foram adotadas (*New York Times*, 16 jun. 1996). Uma matéria da Hungria apresenta a mesma argumentação: "Enquanto os 'novos ricos' vivem em vilas com uma Mercedes estacionada na garagem, o número de pobres tem aumentado" (*New York Times*, 27 fev. 1990).

À medida que o Vietnã socialista se abre para o investimento estrangeiro e o livre mercado, "as diferenças entre ricos e pobres [...] crescem rapidamente" e "a qualidade da educação e dos serviços de saúde para os pobres tem piorado" (*New York Times*, 8 abr. 1996). A prosperidade chegou "apenas para poucos privilegiados no Vietnã", levando a "uma estrutura de classe emergente que está em contradição com os ideais igualitários professos pelo país" (matéria da *Associated Press*, 28 out. 1996).

No paraíso do livre mercado que está emergindo na Rússia e no Leste Europeu, a desregulamentação de preços não produziu preços competitivos, mas preços definidos por monopólios privados, agravando a inflação galopante. Pedintes, cafetões, traficantes de drogas e outros tratantes exercem seus ofícios como nunca antes. E tem havido um aumento drástico no desemprego, no número de pessoas sem-teto, na poluição do ar e da água, na prostituição, no abuso conjugal, no abuso infantil e em praticamente todos os outros males sociais.[62]

Em países como a Rússia e a Hungria, conforme amplamente divulgado pela imprensa estadunidense, a taxa de suicídios aumen-

---

[62] Vladimir Bilenkin, "Russian Workers Under the Yeltsin Regime: Notes on a Class in Defeat", *Monthly Review*, nov. 96, p. 1-12.

tou em 50% em poucos anos. Reduções na distribuição de combustíveis, resultado de aumentos nos preços e de contas inadimplentes, têm levado a um crescente número de mortes e doenças graves entre os pobres e os mais velhos durante os longos invernos.

Na Rússia, médicos e enfermeiros em clínicas públicas agora são absurdamente mal remunerados. As clínicas médicas gratuitas estão sendo fechadas. Mais do que nunca, os hospitais estão sofrendo com condições insalubres e falta de seringas e agulhas descartáveis, vacinas e equipamentos modernos. Muitos hospitais agora não têm água quente; alguns sequer têm água.[63] A deterioração dos programas de imunização e normas de saúde permitiram que a poliomielite retornasse com tudo, assim como a tuberculose, o cólera, a difteria e a disenteria, além de doenças sexualmente transmissíveis. O vício em drogas aumentou acentuadamente. "Os hospitais russos enfrentam dificuldades para tratar um número cada vez maior de viciados com níveis decrescentes de financiamento." (matéria da CNN, 2 fev. 1992)

Tem havido um declínio nos níveis nutricionais e um forte aumento nas taxas de estresse e de doenças. Contudo, o número de consultas caiu pela metade porque os honorários médicos são muito caros nos novos sistemas de saúde privatizados. Assim, muitas doenças não são detectadas nem tratadas até que se tornem graves. Oficiais militares russos descrevem a saúde dos recrutas como "catastrófica". Nas Forças Armadas, os suicídios aumentaram drasticamente, e as mortes por overdose deram um salto de 80% em anos recentes (*Toronto Star*, 5 nov. 1995).

A derrubada do comunismo trouxe um aumento na mortalidade infantil e no crescimento das taxas de mortalidade na Rússia, Bulgária, Hungria, Letônia, Moldávia, Romênia, Ucrânia,

---

[63] Ver Eleanor Randolph, *Waking the Tempests: Ordinary Life in the New Russia* [Acordar as tempestades: a vida comum na nova Rússia] (Nova York: Simon & Schuster, 1996).

Mongólia e Alemanha Oriental. Um terço dos homens russos não chega aos 60 anos de idade. Em 1992, a taxa de natalidade da Rússia caiu abaixo da taxa de mortalidade pela primeira vez desde a Segunda Guerra Mundial. Em 1992 e 1993, os alemães-orientais enterravam duas pessoas para cada bebê nascido. A taxa de mortalidade cresceu quase 20% para as alemãs-orientais com quase 40 anos, e aproximadamente 30% para homens da mesma faixa etária (*New York Times*, 6 abr. 1994).

Com o fim dos aluguéis subsidiados, estima-se que, apenas em Moscou, o número de pessoas sem-teto chegue a 300 mil. A perda de comprovantes de residência priva os sem-teto do acesso a cuidados médicos e a outros benefícios estatais ainda existentes. Vestidos em trapos e vitimizados por mafiosos e pela milícia governamental, milhares de indigentes morrem de frio e fome nas ruas de várias cidades. Na Romênia, milhares de crianças sem-teto vivem nos esgotos e nas estações de trem, cheirando cola para matar a fome, mendigando e tornando-se vítimas de vários predadores (noticiário da *National Public Radio*, 21 jul. 1996).

Na Mongólia, centenas de crianças sem-teto vivem nos esgotos de Ulan Bator. Antes de 1990, a Mongólia era uma nação próspera que havia se beneficiado da assistência financeira e da ajuda técnica soviética e do Leste Europeu. Seus novos centros industriais produziam bens de couro, produtos de lã, têxteis, cimento, carne, cereais e madeira. "A era comunista melhorou incrivelmente a qualidade de vida das pessoas, [...] chegando a níveis louváveis de desenvolvimento social por meio de medidas de bem-estar social patrocinadas pelo Estado", mas a privatização de livre mercado e a desindustrialização trouxeram desemprego, pobreza em massa e desnutrição generalizada para a Mongólia.[64]

---

[64] K. L. Abeywickrama, "The Marketization of Mongolia", *Monthly Review*, mar. 1996, p. 25-33, e matérias ali mencionadas.

Terapia de choque para as massas

As taxas de desemprego aumentaram em até 30% em países que anteriormente haviam conhecido o pleno emprego sob o comunismo. Um trabalhador polonês afirma que os desempregados praticamente não conseguem mais emprego depois dos 40 anos. As polonesas dizem que o declínio econômico chega mais cedo para elas, uma vez que, para obter um emprego, como uma delas explica, "você precisa ser jovem, sem filhos e ter seios grandes" (*Nation*, 7 dez. 1992). A segurança ocupacional agora é praticamente inexistente, e os acidentes e mortes no local de trabalho aumentaram drasticamente.

Os trabalhadores agora trabalham mais intensamente, por mais tempo e por um salário menor, muitas vezes em condições precárias. Professores, cientistas, operários e outras incontáveis categorias trabalham por meses sem receber à medida que seus empregadores ficam sem recursos (*Los Angeles Times*, 17 jan. 1996). As ondas de greves e paralisações na Rússia e no Leste Europeu recebem um tratamento antipático por parte da imprensa nesses países.

Mesmo nos poucos países em que os governos comunistas ainda mantêm o controle, como a China, o Vietnã e Cuba, a abertura para o investimento privado tem contribuído para uma crescente desigualdade. Em Cuba, a economia dolarizada trouxe consigo um aumento na prostituição (inclusive de meninas de apenas 11 e 12 anos), no número de moradores de rua e nas transações no mercado paralelo com turistas (Avi Chomsky, *Cuba Update*, set. 1996).

Na China, existem trabalhadores que agora labutam por doze a dezesseis horas por um salário de subsistência, sem dias de descanso regulares. Aqueles que protestam contra as terríveis condições de segurança e sanitárias correm o risco de serem demitidos ou presos. As reformas de mercado na China também trouxeram a volta do trabalho infantil (*San Francisco Chronicle*, 14 ago. 1990). "Acho que é isso o que acontece quando temos empresas privadas", diz a sra. Peng, uma jovem migrante que tem dúvidas sobre a nova China. "Em empresas privadas, sabe, os trabalhadores não têm direitos." (*Wall St. Journal*, 19 maio 1994)

Por todo o Leste Europeu, os sindicatos têm sido extremamente enfraquecidos ou desfeitos. Licença médica, licença-maternidade, férias pagas e outros benefícios trabalhistas que eram considerados algo garantido têm sido cortados ou abolidos. Sanatórios para trabalhadores, estâncias turísticas, clínicas de saúde, centros esportivos e culturais, berçários e creches, além de outros recursos que tornavam empresas comunistas mais do que simplesmente locais de trabalho praticamente desapareceram. Casas de repouso, anteriormente reservadas para trabalhadores, foram privatizadas e transformadas em cassinos, clubes noturnos e restaurantes para os novos ricos.[65]

A renda efetiva encolheu de 30% a 40% nos antigos países comunistas. Somente em 1992, os gastos dos consumidores russos caíram em 38%. (A título de comparação, durante a Grande Depressão, as despesas dos consumidores nos Estados Unidos caíram 21% ao longo de quatro anos). Tanto na Polônia quanto na Bulgária, aproximadamente 70% da população vive abaixo ou pouco acima da linha de pobreza. Na Rússia, os percentuais são de 75% a 85%, com um terço da população mal subsistindo,

---

[65] Uma área de emprego em expansão é a dos serviços de segurança empresarial e exércitos privados, que, somente na União Soviética, reúne cerca de 800 mil homens. "Outra corporação escolhida por jovens da classe trabalhadora é o imenso aparato de repressão estatal, que agora é mais formidável do que no período soviético. Atualmente, esse aparato é numericamente superior às Forças Armadas, mais bem pago e mais bem equipado. Afinal de contas, o inimigo real do regime é interno." Ver Bilenkin, "Russian Workers Under the Yeltsin Regime", *Monthly Review*, nov. 1996, p. 7.

em completo desespero econômico. Na Hungria, que recebeu a maioria dos investimentos ocidentais no Leste Europeu, mais de um terço dos cidadãos vive em pobreza abjeta, e 70% dos homens têm dois ou mais empregos, trabalhando até catorze horas por dia, segundo o Ministério do Trabalho.

Depois de meses sem ser pagos, os mineiros de carvão no extremo leste da Rússia começaram a passar fome. Em agosto de 1996, 10 mil deles haviam parado de trabalhar simplesmente por inanição. Sem a extração do carvão, as usinas térmicas começaram a fechar, o que poderia gerar um apagão elétrico que prejudicaria ainda mais a indústria e o comércio da costa do Pacífico do país (*Los Angeles Times*, 3 ago. 1996).

Os cidadãos do Leste Europeu estão testemunhando cenas "que são lugar-comum no Ocidente, mas ainda são dolorosas aqui: o idoso vasculhando o lixo em busca de itens descartados, a idosa examinando uma caixa de ossos em um açougue em busca de algum osso com cartilagem o bastante para fazer uma sopa rala" (*Los Angeles Times*, 10 mar. 1990). Com suas poupanças e aposentadorias engolidas pela inflação, os idosos aposentados lotam as calçadas de Moscou vendendo artigos de seu vestuário e outros itens patéticos, enquanto sofrem assédio da polícia e de criminosos (*Washington Post*, 1º jan. 1996). Um cidadão da terceira idade russo menciona "essa pobreza, da qual somente uns poucos conseguiram escapar", enquanto alguns "enriqueceram de maneira fabulosa" (*Modern Maturity*, set./out. 1994).

Crime e corrupção

Com a ética socialista dando lugar à ganância privada, a corrupção assumiu novas formas virulentas nos países pós-comunistas. Altas e baixas autoridades estão corrompidas, inclusive a polícia. O ministro da Segurança russo calculou que um terço do petróleo e metade do níquel russos enviados ao exterior foram roubados. Entre aqueles que desfrutavam de "lucros astronômicos" desse saque, estavam a Shell Oil e a British Petroleum (*Washington Post*, 2 fev. 1993). Em abril de 1992, o presidente do Banco Central russo admitiu que pelo menos 20 bilhões de dólares estadunidenses haviam sido retirados ilegalmente do país e depositados em bancos ocidentais (*Nation*, 19 abr. 1993).

Porções selecionadas de imóveis públicos são vendidas discretamente a uma fração de seu valor em troca de pagamentos às autoridades que controlam as vendas. Autoridades governamentais compram bens de fornecedores privados pelo dobro do preço normal em troca de subornos. Diretores de fábricas vendem *commodities* produzidas pelo Estado a preços estatais baixos para suas próprias empresas privadas, as quais então revendem esses produtos a preços de mercado, obtendo lucros estupendos. Um membro da Câmara de Vereadores de Moscou estimou que a corrupção chegava a centenas de bilhões de dólares. Caso esses recursos fossem para os cofres públicos em vez de bolsos privados, "poderíamos fazer frente ao nosso orçamento três ou quatro vezes" (*Los Angeles Times*, 10 jul. 1992).

Na esteira da corrupção, vem um aumento no crime organizado. Mais de cem quadrilhas na Rússia agora extorquem tributos de 80% de todas as empresas. De 1992 a 1995, conforme a concorrência pelos espólios da "reforma" se intensificava, 46 dos principais homens de negócios da Rússia foram mortos em assassinatos típicos da máfia. Em 1994, houve mais de 2.500 assassinatos de aluguel, quase todos eles sem solução. "Assassinatos de aluguel ocorrem regularmente agora na Rússia, e muitos deles passam despercebidos." (*San Francisco Chronicle*, 17 nov. 1995) A polícia diz que não dispõe dos recursos, do pessoal nem do equipamento para detecção de crimes, a fim de implementar qualquer campanha real contra as quadrilhas.

O crime nas ruas também aumentou enormemente (*New York Times*, 7 maio 1996). Na antiga União Soviética, mulheres e idosos que antigamente se sentiam seguros para sentar em parques tarde da noite agora não ousam se aventurar fora de casa depois que escurece. Desde a derrubada do comunismo na Hungria, roubos e outros crimes quase triplicaram, e houve um aumento de 50% nos homicídios (*NPR*, 24 fev. 1992). Atualmente, a força policial em Praga é muito maior do que era sob o comunismo, quando "eram necessários relativamente poucos policiais" (*New York Times*, 18 dez. 1991). Estranho como menos policiais eram necessários no Estado policial comunista do que no paraíso do livre mercado.

Na República da Geórgia, a vida foi reduzida a um nível de caos violento jamais imaginado sob o comunismo. Gangues de criminosos controlam a maioria do comércio, e grupos paramilitares controlam a maioria das gangues de criminosos. Sem conseguir mais vender seus bens no mercado soviético, mas incapaz de competir no mercado internacional, a indústria georgiana experimentou um declínio maciço e, como em muitos países do Leste Europeu, a dívida pública cresceu enormemente enquanto os salários reais encolheram dolorosamente (*San Francisco Chronicle*, 20 jul. 1993).

Decadência cultural

A vida cultural declinou drasticamente nos antigos países comunistas. Os teatros estão quase vazios porque os ingressos agora são proibitivamente caros. As indústrias cinematográficas de propriedade pública em países como Rússia, Polônia, Tchecoslováquia e República Democrática Alemã, que produziam vários filmes de qualidade, tiveram seus financiamentos retirados ou foram compradas por interesses comerciais ocidentais e agora fazem desenhos, comerciais e vídeos musicais. Salas de cinema foram dominadas por cadeias empresariais e oferecem muitos dos mesmos filmes descartáveis de Hollywood que temos a liberdade de ver.

Os subsídios para as artes e a literatura foram severamente cortados. Orquestras sinfônicas foram desfeitas ou tocam apenas em festas e outras ocasiões menos importantes. Os países comunistas costumavam produzir edições baratas, mas de qualidade, de livros de autores e poetas clássicos e contemporâneos, inclusive da América Latina, Ásia e África. Elas foram substituídas por publicações ocidentais de segunda linha, para o mercado de massas. Durante a era comunista, três de cada cinco livros vendidos no mundo eram produzidos na União Soviética. Agora, à medida que o custo de livros, revistas e jornais tem subido astronomicamente e a educação tem declinado, houve um encolhimento do público leitor, que caiu para níveis do Terceiro Mundo.

Livros contendo uma perspectiva marxista ou qualquer crítica de esquerda foram removidos de livrarias e bibliotecas. Na Alemanha Oriental, a associação de escritores relatou um caso onde 50 mil toneladas de livros, alguns novos, foram enterrados em um aterro. As autoridades alemãs que descartaram os livros aparentemente não se sentiram livres o bastante para queimá-los.

A educação, que antigamente era gratuita, agora é acessível apenas para aqueles que podem arcar com mensalidades caras. As diretrizes curriculares foram "despolitizadas", o que significa que uma perspectiva de esquerda, crítica ao imperialismo e ao capitalismo, foi substituída por um ponto de vista conservador, que apoia ou pelo menos não é crítico em relação a essas forças.

Tomando de assalto as infelizes sociedades do Leste Europeu e da Rússia estão *hare krishnas*, mórmons, *moonies*, testemunhas de Jeová, bahaístas, cristãos evangélicos de direita, charlatões da autoajuda, vendilhões do sucesso instantâneo e outros abutres materialistas espiritualistas que exploram os destituídos e desesperados, oferecendo consolo no próximo mundo ou a promessa de riqueza e sucesso neste.

O presidente de uma das maiores empreiteiras da Rússia resumiu bem: "Todo o bem-estar material que as pessoas tinham, elas perderam de uma hora para outra. Não há praticamente mais nenhum serviço de saúde gratuito, educação superior acessível nem direito a emprego ou descanso. As casas de cultura, bibliotecas, estádios, jardins da infância e creches, acampamentos de verão, escolas, hospitais e lojas estão fechando. O custo da moradia, dos serviços comunitários e do transporte não é mais praticável para a maioria das famílias" (*People's Weekly World*, 6 abr. 1996).

Diante da privatização forçada, os noticiários e a mídia de entretenimento precisavam encontrar proprietários ricos, patrocinadores empresariais, fundações conservadoras ou agências dentro dos recém-instalados governos capitalistas para financiá-los. Programas de rádio e TV que tinham uma perspectiva de esquerda, inclusive alguns programas jovens populares, foram retirados do ar. Os profissionais de esquerda foram expurgados da mídia e substituídos por pessoas com orientações ideológicas aceitáveis. Esse processo de mudança em direção a um monopólio de comunicação pró-capitalista foi descrito na mídia ocidental como uma "democratização". *Outdoors* e comerciais de TV com propagandas de cigarros, automóveis e outros itens de consumo estadunidenses – muitos dos quais com preços além do alcance dos cidadãos médios – agora podem ser vistos em todo lugar.

Mulheres e crianças por último

A derrubada do comunismo trouxe um forte aumento na desigualdade de gênero. A nova Constituição adotada na Rússia eliminou dispositivos que garantiam às mulheres direito a licença-maternidade paga, manutenção do emprego durante a gravidez, cuidados pré-natais e creches a preços módicos.[66]

---

[66] Segundo a legislação soviética, as mulheres tinham quatro meses de licença-maternidade com pagamento integral, e um ano de pagamento parcial caso optassem por ficar em casa com a criança. Além disso, elas podiam tirar até três anos de licença com a garantia de que seus empregos estariam seguros ao término desse período.

Sem a antiga cláusula comunista de que as mulheres teriam pelo menos um terço das cadeiras no Legislativo, a representação política feminina caiu para apenas 5% em alguns países.

Em todos os países comunistas, cerca de 90% das mulheres trabalhavam em economias de pleno emprego. Atualmente, as mulheres representam mais de dois terços dos desempregados. Aquelas que trabalham são direcionadas para posições não especializadas com baixos salários. As mulheres estão sendo expulsas das profissões liberais em números desproporcionais e aconselhadas a não obter treinamento profissional. Mais de 30% das desempregadas são profissionais liberais e trabalhadoras qualificadas que anteriormente ganhavam salários maiores do que a média nacional. A perda de benefícios em relação a maternidade e serviços de creche criou obstáculos ainda maiores para o emprego feminino.

Por todos os países do Leste Europeu, a independência jurídica, financeira e psicológica que as mulheres desfrutavam sob o socialismo foi destruída. Divórcio, aborto e controle de natalidade são mais difíceis de obter. Livre do "jugo soviético", a região autônoma da Inguchétia descriminalizou a poligamia e legalizou a venda de mulheres para fins matrimoniais. Casos de assédio sexual e violência contra as mulheres aumentaram enormemente. Na Rússia, o número de mulheres assassinadas anualmente – principalmente por maridos e namorados – disparou de 5.300 para 15 mil nos primeiros anos do paraíso do livre mercado. Em 1994, 57 mil mulheres foram seriamente lesionadas nesses tipos de ataque. Esses números oficiais subestimam o nível de violência. Os comitês do Partido Comunista que costumavam intervir em casos de violência doméstica não existem mais.

As mulheres também estão sendo recrutadas em números inéditos para a pujante indústria do sexo que atende a homens de negócios estrangeiros e locais. Impossibilitadas de encontrar emprego nas profissões para as quais foram originalmente treinadas, muitas mulheres russas e do Leste Europeu altamente qualificadas vão para o exterior trabalhar como prostitutas. Mas as mulheres não são as únicas encaminhadas para o mercado do sexo. Conforme uma matéria na *Newsweek* (2 set. 1996):

> Praga e Budapeste agora rivalizam com Bangkok e Manila como centros para a obtenção de crianças para atenderem a pedófilos visitantes. Ano passado, uma investigadora ficou abismada ao encontrar pilhas de pornografia infantil nas salas de recepção do Parlamento da Estônia e de seu departamento de bem-estar social. "O amor livre é visto como uma das novas 'liberdades' que a economia de mercado pode oferecer", ela escreveu. "Simultaneamente, o sexo na economia de mercado também se tornou uma *commodity* lucrativa." Em alguns casos, "crianças são raptadas e escravizadas", afirma [Thomas] Kattau [especialista do Conselho da Europa]. "Isso está acontecendo cada vez mais. Isso é crime organizado."

Houve uma enorme deterioração nas condições de vida das crianças por todo o antigo mundo comunista. Os acampamentos de verão gratuitos foram fechados. As merendas escolares, anteriormente gratuitas ou a preços módicos, agora são muito caras para diversos alunos. Crianças com fome constituem um grave problema escolar. Em vez de irem à escola, elas podem ser vistas pelas ruas vendendo bebidas ou mendigando. A criminalidade e a prostituição juvenil aumentam, enquanto recursos para serviços de reabilitação de jovens minguam (*Los Angeles Times*, 15 jul. 1994).

"Éramos felizes e não sabíamos"

Enquanto muitos intelectuais do Leste Europeu continuam a defender ardentemente o paraíso do livre mercado, a maioria dos operários e camponeses não mais romantizam o capitalismo, após sentirem seu açoite implacável. "Éramos felizes e não sabíamos" tornou-se um ditado comum. "As mais recentes pesquisas de opinião mostram que muitos russos consideram a era Brejnev e até mesmo a era Stálin como melhores do que o período atual, pelo menos no que diz respeito às condições econômicas e à segurança pessoal." (*New York Times*, 15 out. 1995) Uma piada que circulava na Rússia em 1992 era mais ou menos assim: "O que o capitalismo trouxe em um ano que o comunismo jamais conseguiu em setenta? Dar ao comunismo uma boa imagem".

Por todo o Leste Europeu e na antiga União Soviética, muitas pessoas relutantemente admitiam que as condições eram melhores sob o comunismo (*New York Times*, 30 mar. 1995). Uma defensora do capitalismo, Angela Stent, da Universidade de Georgetown, concede que "a maioria das pessoas está em uma situação pior do que estava sob o comunismo. [...] A qualidade de vida piorou com o aumento da criminalidade e o desaparecimento da rede de segurança social" (*New York Times*, 20 dez. 1993). Nas palavras de um operário de uma usina de aço na Alemanha Oriental: "Não sei se há um futuro para mim, e não estou muito esperançoso. A verdade é que eu vivia melhor sob o comunismo" (*New York Times*, 3 mar. 1991). Uma idosa polonesa, reduzida a uma refeição por dia oferecida pela Cruz Vermelha, disse: "Não sou comunista, mas preciso dizer que a vida para os pobres era melhor antes. [...] Agora, as coisas são boas para os homens de negócios, mas não para nós pobres" (*New York Times*, 17 mar. 1991). Uma alemã-oriental comentou que o movimento feminista da Alemanha Ocidental estava apenas começando a lutar por "aquilo que já tínhamos aqui. [...] Dávamos isso como favas contadas em razão do sistema socialista. Agora, percebemos aquilo que [perdemos]" (*Los Angeles Times*, 6 ago. 1991).

Dissidentes anticomunistas que haviam trabalhado duro para derrubar a RDA logo passaram a expressar seu desapontamento com a reunificação alemã. Um conhecido clérigo luterano comentou: "Caímos na tirania do dinheiro. O jeito como a riqueza é distribuída nesta sociedade [Alemanha capitalista] é algo que considero muito difícil de aceitar". Outro pastor luterano disse: "Nós, alemães-orientais, não tínhamos uma ideia real de como era a vida no Ocidente. Não fazíamos ideia de como ela seria baseada na competição. [...] A cobiça desavergonhada e o poder econômico são as alavancas que movem esta sociedade. Estão fazendo com que valores espirituais essenciais à felicidade humana sejam perdidos ou pareçam triviais. Tudo se resume a comprar, ganhar, vender" (*New York Times*, 26 maio 1996).

Maureen Orth perguntou para a primeira mulher que encontrou em um mercado se a vida dela havia mudado nos últimos dois anos, e a mulher irrompeu em lágrimas. Ela tinha 58 anos, havia trabalhado quarenta anos em uma fábrica de batatas e, agora, não podia arcar com a maioria dos alimentos no mercado: "Isto não é viver, é apenas existir", ela disse (*Vanity Fair*, set. 1994). Orth entrevistou o diretor de um departamento de um hospital em Moscou, que disse: "A vida era diferente dois anos atrás – eu era um ser humano". Agora, ele tinha de trabalhar como motorista para ganhar uma renda extra. E quanto às novas liberdades? "Liberdade para quê?", ele respondeu. "Liberdade para comprar uma revista pornográfica?"

De maneira similar, o antigo ministro da Defesa da RDA, Heinz Kessler, comentou: "Claro, ouço sobre a nova liberdade de que as pessoas desfrutam no Leste Europeu. Mas como você define liberdade? Milhões de pessoas no Leste Europeu agora são livres de emprego, livres de ruas seguras, livres de assistência à saúde, livres de segurança social" (*New York Times*, 20 jul. 1996).

As pessoas no Leste Europeu querem o livre mercado? Pesquisas de opinião realizadas no final de 1993 na Rússia mostravam que apenas 27% de todos os entrevistados apoiavam uma economia de mercado. Por amplas maiorias, as pessoas acreditavam que o controle estatal sobre os preços e sobre as empresas privadas é "útil", e que "o Estado deveria fornecer emprego para todos e jamais tolerar o desemprego". Na Polônia, 92% queriam

manter o sistema de bem-estar social estatal, e maiorias desproporcionais queriam manter alimentos e moradia subsidiados
e retornar ao pleno emprego (*Monthly Review*, dez. 1994). "A
maioria das pessoas aqui", informa um correspondente do *New
York Times* em Moscou (23 jun. 1996), "suspeita da propriedade
privada, pergunta-se o que era tão ruim em um sistema que
oferecia saúde a preços módicos do nascimento à morte, e espera que os preços sejam controlados novamente pelo governo".

Uma reportagem russa descreve "um eleitorado amargurado,
que descobriu que a vida sob um democrata [isto é, Iéltsin!] é
pior do que sob os agora finados comunistas" (*New York Times*,
18 dez. 1991). Uma matéria de Varsóvia refere-se à "transformação econômica de livre mercado que a maioria dos poloneses
não mais apoia" (*Washington Post*, 15 dez. 1991). Os maiores te-
mores das pessoas são inflação, desemprego, crime e poluição.

O socialismo de Estado, "o sistema que não funcionou", fornecia a todos alguma medida de segurança. O capitalismo de
livre mercado, "o sistema que funciona", trouxe uma economia
em queda livre, rapinagem financeira, condições sociais dete-
rioradas e sofrimento generalizado.

Em reação a isso, eleitores do Leste Europeu têm levado comunistas de volta ao poder – para presidirem sobre a ruína e
os escombros de nações falidas. Por volta de 1996, antigos comunistas e seus aliados haviam obtido vitórias significativas na
Rússia, Bulgária, Polônia, Hungria, Lituânia e Estônia, algumas
vezes emergindo como os blocos mais fortes em seus respectivos parlamentos. Isso foi alcançado a despeito das mesmas
intimidações, assédio policial, desvantagens monetárias, restri-
ção de acesso às eleições, bloqueio midiático e contagens frau-
dulentas de votos que os partidos de esquerda enfrentam na
maioria dos países "democráticos e capitalistas".

Quando os primeiros levantes anticomunistas começaram no
Leste Europeu em 1989, houve pessoas na esquerda que disseram

que, se as pessoas nesses países descobrissem que não gostavam do sistema de livre mercado, sempre poderiam voltar para alguma variante do socialismo. Conforme argumentei à época, essa era uma visão pouco realista. O capitalismo não é apenas um sistema econômico, mas uma ordem social completa. Assim que ele toma o poder, não é possível fazê-lo desaparecer por meio dos votos, elegendo socialistas ou comunistas. Eles podem ocupar cargos, mas a riqueza da nação, as relações básicas de propriedade, as leis orgânicas, o sistema financeiro e a estrutura de dívida, além da mídia nacional, do poder policial e das instituições estatais, foram todos fundamentalmente reestruturados. Os recursos necessários para programas sociais e pleno emprego foram surrupiados ou completamente eliminados, assim como as reservas monetárias, os mercados e os recursos naturais. Alguns poucos anos de rapinagem desenfreada de livre mercado deixaram esses países em um ponto de não retorno sem mudanças à vista.

A crença propagada pelos "reformistas" do livre mercado é que a transição do socialismo para o capitalismo pode apenas ser feita por meio de uma vasta acumulação privada de capital. As duras condições infligidas por essa privatização supostamente são apenas temporárias. A verdade é que os países ficam presos nessa etapa "temporária" por séculos. Basta olhar para a América Latina.

Como outros países do Terceiro Mundo, é provável que os antigos países comunistas permaneçam na pobreza indefinidamente, para que uns poucos privilegiados possam continuar desfrutando de uma opulência cada vez maior à custa dos muitos. A fim de garantir esse arranjo, a classe empresarial lançará mão de qualquer manipulação e repressão conhecidas contra a ressurgência democrática. Nessas iniciativas, eles contarão com o auxílio especializado do capital internacional, da CIA e de outras agências promotoras do domínio estatal capitalista.

Segundo Noam Chomsky, o comunismo "foi uma monstruosidade", e "o colapso da tirania" no Leste Europeu e na Rússia é "uma ocasião de regozijo para qualquer pessoa que valorize a liberdade e a dignidade humanas".[67] Prezo pela liberdade e dignidade humanas, mas não vejo motivo algum para regozijo. As sociedades pós-comunistas não representam um ganho líquido para tais valores. Na verdade, a destruição dos Estados comunistas trouxe uma vitória colossal para o capitalismo e o imperialismo globais, com seu aumento correlato na miséria humana, e uma derrota histórica para as lutas de libertação revolucionárias em toda a parte. Haverá tempos mais difíceis adiante mesmo para governos nacionalistas modestamente reformistas, como os destinos do Panamá e do Iraque indicaram. A desintegração também significa uma perda líquida do pluralismo global e uma profunda desigualdade socioeconômica em todo o mundo.[68]

Os povos do Leste Europeu acreditavam que iriam manter todos os ganhos sociais de que desfrutavam sob o comunismo, ao mesmo tempo que agregariam todo o consumismo ocidental. Muitas de suas queixas sobre o socialismo real eram justificáveis, mas a imagem romantizada que faziam do Ocidente capitalista não era. Eles tiveram de aprender da maneira mais difícil. Enquanto esperavam avançar do Segundo para o Primeiro Mundo, acabaram sendo empurrados à força para o Terceiro Mundo, terminando como os países capitalistas da Indonésia, do México, do Zaire e da Turquia. Eles queriam o melhor de dois mundos e acabaram quase sem nada.

---

[67] Noam Chomsky, *Powers and Prospects* [Poderes e perspectivas] (Boston: South End Press, 1996), p. 83.

[68] A derrubada do comunismo, porém, não significa o fim da máquina militar global estadunidense. Pelo contrário, vastas somas continuam a ser gastas, e novos sistemas de armamentos e métodos de matar de alta tecnologia continuam a ser desenvolvidos para que o mundo fique preso nas firmes garras de seus donos.

8. O FIM DO MARXISMO?

Algumas pessoas dizem que o marxismo é uma ciência; outras, que é um dogma, uma coleção de alegações reducionistas não científicas. Eu diria que o marxismo não é uma ciência no sentido positivista, formulando hipóteses e testando sua previsibilidade, mas, de maneira mais precisa, uma ciência social, que nos mostra como conceitualizar de maneira sistêmica e sistemática, passando de aparências superficiais para características mais profundas e mais amplas, de modo a entender melhor tanto o específico quanto o geral e a relação entre eles.

O marxismo tem um poder de explicação que é superior à ciência social burguesa dominante porque lida com os imperativos do poder de classe e da economia política, as forças motrizes da sociedade e da história. A base classista da economia política não é um tema sobre o qual a ciência social dominante tenha muito entendimento ou tolerância.[69] Em 1915, Lênin escreveu que a "ciência [burguesa] não quer nem ouvir falar de marxismo, declarando que ele foi refutado e aniquilado. Marx é atacado com igual zelo por jovens catedráticos que estão fazendo carreira refutando o socialismo e por anciões decrépitos que preservam a tradição de todos os tipos de sistemas ultrapassados".

Mais de oitenta anos depois, acadêmicos carreiristas continuam a declarar ter sido provado que o marxismo estava categoricamente errado. Como o autor liberal anticomunista Irving

---

[69] Essa aversão ao reconhecimento das realidades do poder de classe existe mesmo entre muitos que se consideram de esquerda; ver a discussão sobre os teóricos de "tudo, menos classe" no próximo capítulo.

Howe explica: "As fórmulas simplistas dos livros didáticos, inclusive dos marxistas, não mais se sustentam. É por isso que alguns de nós [...] não nos vemos como marxistas" (*Newsday*, 21 abr. 1986). Gostaria de argumentar que o marxismo não é nem ultrapassado nem simplista, como é a imagem dele entretida por antimarxistas como Howe.

Alguns fundamentos duradouros

Com a derrubada dos governos comunistas no Leste Europeu e na União Soviética, anúncios sobre a natureza moribunda do "dogma marxista" foram despejados com vigor renovado. Mas a principal obra de Marx é *O capital*, um estudo não do "socialismo real", que não existia de fato em sua época, mas do capitalismo – um assunto que permanece terrivelmente relevante para nossas vidas. Faria mais sentido declarar Marx obsoleto se e quando o *capitalismo* for abolido, em vez do socialismo. Gostaria de argumentar não apenas que Marx ainda é relevante, mas que ele é mais relevante hoje em dia do que era no século xix, que as forças de movimento e desenvolvimento capitalista operam hoje com maior alcance do que quando ele as estudou pela primeira vez.

Não digo que tudo o que Marx e Engels anteciparam se concretizou. O trabalho deles não é uma profecia perfeita, mas uma ciência imperfeita e incompleta (como todas as ciências), voltada para compreender um capitalismo que hoje deixa suas pegadas sangrentas sobre o mundo como jamais fez anteriormente. Alguns dos postulados básicos do marxismo são expostos a seguir.

Para viver, os seres humanos precisam produzir. As pessoas não conseguem viver apenas de pão, mas também não conseguem viver sem pão. Isso não significa que toda atividade humana possa ser reduzida a motivos materiais, mas sim que toda atividade está vinculada a uma base material. Uma obra de arte pode não ter um motivo econômico direto atrelado a ela. Porém, sua criação seria impossível se não existissem condições materiais que permitissem ao artista criar e exibir a obra para públicos interessados que dispõem de tempo para a arte.

Aquilo de que as pessoas precisam para sobreviver é encontrado na natureza, mas raramente em uma forma adequada para consumo imediato. O trabalho, portanto, torna-se uma condição primária da existência humana. Mas o trabalho é mais do que um meio de prover a sobrevivência. Ele é um dos meios pelos quais as pessoas desenvolvem suas vidas materiais e culturais, adquirindo conhecimento, além de novos modos de organização social. Os interesses de classe conflitantes que se desenvolvem ao redor das forças produtivas determinam o desenvolvimento de um sistema social. Quando falamos das antigas sociedades agrárias, de sociedades escravocratas, feudais, mercantis ou capitalistas industriais, estamos reconhecendo como as relações econômicas básicas deixam uma marca definidora em uma determinada ordem social.

Os teóricos capitalistas apresentam o capital como uma força criativa miraculosa. Segundo eles, o capital dá forma e oportunidade para a mão de obra; o capital cria produção, empregos, novas tecnologias e uma prosperidade geral. Já os marxistas viram essa equação do avesso. Eles argumentam que, por si só, o capital não consegue produzir nada; ele é aquilo que é produzido pelo trabalho. Somente o trabalho humano consegue criar a fazenda e a fábrica, a máquina e o computador. E, em uma sociedade de classes, a riqueza assim produzida por muitos é acumulada nas mãos de relativamente poucos, os quais logo traduzem seu poder econômico em poder político e cultural, a fim de melhor proteger a ordem social exploradora que os favorece.

A teoria padrão do "gotejamento" afirma que a acumulação da riqueza no topo acaba trazendo mais prosperidade para o resto de nós abaixo; a maré crescente levanta todas as embarcações. Eu diria que, em uma sociedade de classes, o acúmulo de riqueza promove a propagação da pobreza. Os poucos abastados vivem à custa dos muitos empobrecidos. Não pode haver donos de escravos ricos vivendo em conforto ocioso sem que haja uma massa de escravos destituídos para sustentar seu estilo de vida nababesco. Não pode haver senhores feudais que vivem em opulência sem uma massa de servos sem-terra empobrecidos que lavram as terras dos senhores da alvorada ao anoitecer. Então, também sob o capitalismo, não pode haver nenhum magnata financeiro nem capitão da indústria sem que haja milhões de empregados mal pagos e sobrecarregados.

A exploração pode ser medida não apenas pelos míseros salários, mas pela disparidade entre a riqueza criada pelo trabalhador e o pagamento que essa pessoa recebe em troca do trabalho. Assim, alguns atletas profissionais recebem salários absurdamente mais elevados do que a maioria das pessoas, mas, em comparação com a enorme riqueza que eles produzem para seus patrões e levando em conta os rigores e a relativa brevidade de suas carreiras, as lesões sofridas, além da falta de benefícios a longo prazo, pode-se dizer que eles são explorados a uma taxa ainda mais elevada do que a maioria dos trabalhadores.

Ideólogos conservadores defendem o capitalismo como o sistema que preserva a cultura, os valores tradicionais, a família e a comunidade. Marxistas responderiam que o capitalismo fez mais para destruir essas coisas do que qualquer outro sistema na história, tendo em vista suas guerras, colonizações e migrações forçadas, seus cercamentos, despejos, salários de pobreza, trabalho infantil, falta de moradia, desemprego, crimes, infestação de drogas e miséria urbana.

Em todo o mundo, a comunidade no sentido mais amplo – a *Gemeinschaft* [coletividade] com seus relacionamentos sociais orgânicos e fortes vínculos recíprocos de comunhão e afinidade – é forçosamente transformada pelo capital global em sociedades de mercado massificadas, atomizadas e comercializadas. Em *O manifesto comunista*, Marx e Engels mencionam a pulsão implacável do capitalismo de se estabelecer "sobre toda a superfície do globo", criando "um mundo à sua imagem e semelhança". Nenhum sistema na história foi mais implacável em destruir culturas antigas e frágeis, pulverizar práticas seculares em questão de anos, devorar os recursos de regiões inteiras e padronizar as variedades da experiência humana.

O Grande Capital não tem compromisso com nada a não ser o acúmulo de capital, não tem lealdade a nenhum país, cultura ou povo. Ele se move inexoravelmente conforme seu imperativo interno de acumular à taxa mais elevada possível sem se preocupar com custos ambientais ou humanos. A primeira lei do mercado é obter o maior lucro possível à custa do trabalho de outras pessoas. O lucro privado no lugar da necessidade humana é a condição determinante do investimento privado. Aqui, prevalece uma sistematização racional do esforço humano em busca de um fim *socialmente* irracional: "acumular, acumular, acumular".

Mais certo do que errado

Aqueles que rejeitam Marx frequentemente alegam que suas previsões sobre a revolução proletária se provaram equivocadas. Com base nisso, concluem que sua análise sobre a natureza do capitalismo e do imperialismo também deve estar errada. Porém, devemos distinguir entre Marx, o pensador milenarista, que fez previsões esplendidamente otimistas sobre o florescimento da condição humana, e Marx, o economista e cientista social, que nos proporcionou percepções fundamentais sobre a sociedade capitalista que se mantiveram dolorosamente verazes até os dias de hoje. Este último Marx tem sido regularmente deturpado por autores antimarxistas. Considere as previsões a seguir.

Os ciclos econômicos e a tendência à recessão. Marx observou que alguma coisa mais do que a ganância está envolvida na busca incessante do capitalista pelo lucro. Dadas as pressões da concorrência e do aumento dos salários, os capitalistas precisam fazer inovações tecnológicas para aumentar sua produtividade e diminuir os custos com a mão de obra. Isso cria problemas por si só. Quanto mais bens de capital (como maquinário, fábricas, tecnologias, combustível) são necessários à produção, maiores os custos fixos e maior a pressão por aumentar a produtividade para manter as margens de lucro.[70]

Como os trabalhadores não recebem o suficiente para comprar os bens e serviços que produzem, Marx observou que há sempre o problema de uma disparidade entre a produção em massa e a demanda agregada. Se a demanda diminui, os proprietários cortam a produção e o investimento. Mesmo quando há ampla demanda, eles são tentados a reduzir a mão de obra e intensificar a taxa de exploração dos trabalhadores remanescentes, abraçando qualquer oportunidade de reduzir benefícios e salários. A consequente queda no poder de compra da classe trabalhadora leva a um novo declínio na demanda e a recessões que infligem especialmente aqueles com menos posses.

Marx previu essa tendência de queda na taxa de lucro e de instabilidade econômica e recessões prolongadas. Conforme ob-

---

[70] À medida que um setor industrial se torna mais intensivo em capital, proporcionalmente mais dinheiro precisa ser investido para gerar um determinado número de postos de trabalho. Mas as empresas não se dedicam à criação de empregos. Na verdade, os capitalistas estão constantemente imaginando maneiras de reduzir a mão de obra. De 1980 a 1990, o número líquido de empregos criados pelas maiores empresas dos Estados Unidos, a "Fortune 500", foi zero. Os novos empregos do período vieram principalmente de empresas menores, menos intensivas em capital, da indústria leve, do setor de serviços e do setor público.

servou o economista Robert Heilbroner, essa foi uma previsão extraordinária, pois, na época de Marx, os economistas não reconheciam ciclos empresariais de expansão e quebra como algo inerente ao sistema capitalista. Porém, atualmente, sabemos que as recessões são uma condição crônica e que – conforme Marx igualmente previu – seu escopo tornou-se internacional.

A concentração de capital. Quando *O manifesto comunista* apareceu pela primeira vez em 1848, grandeza era a exceção, não a regra. Contudo, Marx previu que empresas grandes expulsariam ou comprariam adversários menores e dominariam cada vez mais o mundo dos negócios, conforme o capital se concentrasse mais. Essa não era a sabedoria comum do período e deve ter soado improvável para aqueles que prestaram alguma atenção. Mas isso se concretizou. De fato, a taxa de incorporações e de aquisições de empresas foi mais elevada nas décadas de 1980 e de 1990 do que em qualquer outro período na história do capitalismo.

Crescimento do proletariado. Outra previsão de Marx é a de que o proletariado (trabalhadores que não têm ferramentas próprias e que precisam trabalhar por remunerações ou salários, vendendo sua mão de obra para outra pessoa) se tornaria uma porcentagem cada vez maior da mão de obra. Em 1820, cerca de 75% dos estadunidenses trabalhavam por conta própria em fazendas, pequenos negócios ou atividades artesanais. Em 1940, esse número havia caído para 21,6%. Hoje em dia, menos de 10% da mão de obra trabalha por conta própria.

A mesma mudança na mão de obra pode ser observada no Terceiro Mundo. De 1970 a 1980, o número de trabalhadores assalariados na Ásia e na África aumentou em cerca de dois terços, passando de 72 milhões para 120 milhões. A tendência é o crescimento constante da classe trabalhadora, tanto de trabalhadores industriais quanto do setor de serviços, e – conforme previu Marx – isso está acontecendo globalmente, em cada país onde o capitalismo se instala.

A revolução proletária. Marx previu que o proletariado avançaria à medida que o capitalismo se desenvolveria. Vimos que isso é verdade. Mas ele foi além: com a crescente miséria e polarização, as massas acabariam por se rebelar, derrubariam a burguesia e colocariam os meios de produção sob propriedade pública para o benefício de todos. A revolução se daria em países capitalistas mais industrializados nos quais a classe trabalhadora era maior e mais desenvolvida.

O que impressionou Marx a respeito da classe trabalhadora foi seu nível de organização e conscientização. Diferentemente das classes anteriormente oprimidas, o proletariado, amplamente concentrado nas áreas urbanas, parecia capaz de um nível inigualável de desenvolvimento político. Ele não apenas se rebelaria contra seus opressores, como fizeram escravos e servos, mas criaria uma ordem social igualitária, não exploradora, como jamais havia sido visto na história. Em sua época, Marx imaginou um sistema alternativo emergindo nos clubes, sociedades de ajuda mútua, organizações políticas e jornais de uma classe trabalhadora britânica que crescia rapidamente. Pela primeira vez, a história seria feita de uma maneira consciente pelas massas, uma classe para si. A rebelião esporádica seria substituída pela revolução da consciência de classe. Em vez de queimar a casa senhorial, os trabalhadores a expropriariam e a usariam para o benefício coletivo das pessoas comuns, aquelas que a construíram em primeiro lugar.

Sem dúvida, as previsões de Marx sobre a revolução não se materializaram. Não houve revolução proletária bem-sucedida em nenhuma sociedade capitalista avançada. Conforme a classe trabalhadora se desenvolvia, o Estado capitalista também avançava, um Estado cuja função era proteger a classe capitalista, com seus mecanismos de repressão policial e sua hegemonia cultural e informativa.

Por si só, a luta de classes não traz a vitória inevitável do proletariado nem mesmo um levante proletário. Condições sociais opressoras podem clamar pela revolução, mas isso não significa que a revolução esteja próxima. Esse quesito ainda não é compreendido por algumas pessoas da esquerda atual. Em seus últimos anos, o próprio Marx começou a ter dúvidas sobre a inevitabilidade de uma vitória da revolução operária. Até agora, a força prevalecente não tem sido a revolução, mas a contrarrevolução, a destruição diabólica infligida por Estados capitalistas sobre lutas populares, ao custo de milhões de vidas.

Marx também subestimou até que ponto o Estado capitalista avançado poderia usar sua riqueza e poder para criar uma variedade de instituições que retardam e distraem a consciência popular ou embotam o descontentamento por meio de programas de reformas. Contrariamente a suas expectativas, revoluções bem-sucedidas ocorreram em sociedades menos desenvolvidas, em sua maioria agrárias, como Rússia, China, Cuba e Vietnã – embora o proletariado desses países tenha participado e, algumas vezes, como no caso da Rússia em 1917, tenha até mesmo estado à frente da insurgência.

Embora as previsões de Marx sobre a revolução não tenham se materializado conforme ele imaginou, em anos recentes têm havido exemplos impressionantes de militância da classe trabalhadora na Coreia do Sul, África do Sul, Argentina, Itália, França, Alemanha, Grã-Bretanha e em dezenas de outros países, inclusive até mesmo nos Estados Unidos. Normalmente, essas lutas das massas não são cobertas pela mídia empresarial. Em 1984-1985, na Grã-Bretanha, uma greve implacável que durou um ano resultou na prisão de cerca de 10.500 mineiros, além de 6.500 lesionados ou espancados e 11 mortos. Para os mineiros britânicos presos nesse conflito, a luta de classes era bem mais do que um conceito obsoleto e peculiar.

O mesmo se deu em outros países. Na Nicarágua, um levante da população derrubou a odiada ditadura de Anastasio Somoza. No Brasil, em 1980-1983, conforme observado por Peter Worsley, "a classe operária brasileira [...] desempenhou precisamente o papel atribuído a ela na teoria marxista do século XIX, paralisando São Paulo em uma sequência de greves gerais enormes que começaram tratando de questões básicas para a maioria da população, mas que, no fim, forçaram os militares a fazerem importantes concessões políticas, notavelmente a restauração de alguma medida de uma autêntica vida político-partidária". Revoluções são ocorrências relativamente raras, mas lutas populares são um fenômeno constante e comum.

Mais riqueza, mais pobreza

Marx acreditava que à medida que a riqueza se concentra, a pobreza se torna mais generalizada, e o sofrimento dos trabalhadores, cada vez mais desesperador. Segundo aqueles que o criticam, essa previsão se provou errada. Eles indicam que Marx escreveu durante um período de industrialização bruta, uma era de barões ladrões e jornadas de trabalho de catorze horas. Por meio de uma persistente luta, a classe trabalhadora melhorou suas condições de vida de meados do século XIX a meados do século XX. Hoje em dia, os porta-vozes do *establishment* retratam os Estados Unidos como uma próspera sociedade de classe média.

Porém, cabe o questionamento. Durante a era Reagan-Bush-Clinton, de 1981 a 1996, a participação na renda nacional que ia para aqueles que trabalham por necessidade encolheu em mais de 12%. A participação que ia para aqueles que vivem de investimentos aumentou quase 35%. Menos de 1% da população é dona de quase 50% da riqueza do país. As famílias mais ricas são centenas de vezes mais ricas do que as famílias médias na porção inferior que abrange 90% da população. O fosso entre ricos e pobres nos Estados Unidos é maior do que já foi em mais de meio século e está ficando cada vez maior. Assim, entre 1977 e 1989, o 1% no topo viu seus rendimentos aumentarem em mais de 100%, ao passo que os três quintis mais baixos apresentaram uma queda média de 3% a 10% na renda real.[71]

O *New York Times* (20 jun. 1996) informou que, em 1995, a disparidade de renda "era maior do que havia sido desde o final da Segunda Guerra Mundial". A renda média para os 20% no topo pulou 44%, passando de 73.754 para 105.945 dólares, entre 1968 e 1994, ao passo que os 20% na porção inferior tiveram um aumento de 7%, indo de 7.202 para 7.762 dólares, ou apenas 560 dólares em valores constantes. Mas esses números minimizam o problema. A matéria do *Times* baseia-se em um estudo do Censo dos Estados Unidos que não informa a renda dos muito ricos. Durante anos, o limite superior passível de ser informado era o de uma renda anual de 300 mil dólares. Em 1994, o Censo subiu o limite permissível para 1 milhão de dólares. Isso ainda deixa de fora o 1% mais rico, as centenas de bilionários e milhares de multimilionários que ganham muitas vezes mais do que 1 milhão de dólares ao ano. As grandes fortunas estão concentradas em uma porção da população tão minúscula a ponto de ser considerada estatisticamente insignificante. Mas, apesar de seus números desprezíveis, a riqueza que essas pessoas controlam é enorme e sinaliza uma disparidade de renda mil vezes maior do que a gama permitida pelos números do Censo. Assim, a diferença entre um multibilionário que pode ganhar 100 milhões de dólares em um ano qualquer e um zelador que

---

[71] Paul Krugman, *Peddling Prosperity* [Vendendo prosperidade] (Nova York: W. W. Norton, 1994), p. 134-135.

ganha 8 mil dólares não é de 14 para 1 (a diferença normalmente relatada entre a maior e a menor renda), mas de mais de 14 mil para 1. No entanto, as rendas mais elevadas continuam sem ser informadas nem contabilizadas. Em uma palavra, a maioria dos estudos dessa natureza não nos dá nenhuma ideia de quão ricos são os muito ricos.[72]

O número de pessoas vivendo abaixo da linha da pobreza nos Estados Unidos subiu de 24 milhões em 1977 para mais de 35 milhões em 1995. As pessoas afundavam mais profundamente na pobreza do que em períodos anteriores e tinham uma dificuldade cada vez maior em sair dela. Além disso, várias doenças relacionadas à fome e à pobreza estavam em ascensão.[73]

Houve uma diminuição generalizada da força de trabalho. O emprego regular vem sendo substituído pela contratação de autônomos ou trabalhadores temporários, resultando em salários

---

72 Quando questionado sobre o motivo desse procedimento, uma autoridade do Departamento do Censo disse a meu assistente de pesquisa que os computadores do Censo não podiam lidar com quantias tão elevadas. Essa desculpa parece muito improvável, já que, tão logo o Departamento do Censo decidiu aumentar o limite superior, o fez sem dificuldade alguma. Outro motivo dado foi a confidencialidade. Em razão das coordenadas de localização, alguém com uma renda muito elevada poderia ser identificado. Além disso, entrevistados de alta renda subestimam sua renda. O rendimento de juros e dividendos que eles informam é de apenas cerca de 50% a 60% do verdadeiro retorno dos investimentos. E, como eles efetivamente são pouco numerosos, é provável que não apareçam em uma amostra aleatória de todo o país. Ao nomear os 20% no topo como sendo os "mais ricos", o Censo agrupa profissionais da alta classe média e outras pessoas que ganham no máximo cerca de 70 mil dólares estadunidenses ao ano, pessoas que são qualquer coisa menos os "mais ricos".

73 Para dados mais extensos, ver o meu ensaio "Hidden Holocaust, USA", em Michael Parenti, *Dirty Truths*.

menores e menos benefícios – ou benefício nenhum. Muitos sindicatos foram destruídos ou seriamente enfraquecidos. Regulamentos governamentais de proteção estão sendo revertidos ou não se exige seu cumprimento, e tem havido um aumento nas ampliações da jornada de trabalho sem aumento salarial correspondente, nas lesões e em outros abusos no local de trabalho.

Na década de 1990, o crescimento na pobreza das classes média e operária, inclusive de pequenos produtores independentes, tornava-se evidente em vários países. Em vinte anos, mais da metade dos agricultores nos países industrializados, cerca de 22 milhões de pessoas, estava arruinada. Enquanto isso, conforme observado nos dois capítulos anteriores, as "reformas" de livre mercado nos antigos países comunistas trouxeram um aumento dramático na pobreza, na fome, no crime e nos problemas de saúde, em conjunto com o crescimento das grandes fortunas para muitíssimos poucos nesses países.

O Terceiro Mundo sofreu um crescente empobrecimento ao longo dos últimos cinquenta anos. À medida que o investimento estrangeiro cresceu, aumentou também a miséria da população comum expulsa da terra. Aqueles que conseguem encontrar emprego nas cidades são forçados a trabalhar por salários de subsistência. Recordemos como as leis dos cercamentos do final do século XVIII na Inglaterra cercaram as terras comuns e expulsaram os camponeses para os buracos industriais infernais de Manchester e Londres, transformando-os em mendigos ou operários fabris semifamélicos. O cercamento continua por todo o Terceiro Mundo, expulsando dezenas de milhões de pessoas.

Em países como Argentina, Venezuela e Peru, a renda per capita foi menor em 1990 do que havia sido vinte anos antes. No México, os trabalhadores ganhavam 50% a menos em 1995 do que em 1980. Um terço da população da América Latina, cerca de 130 milhões de pessoas, vive na miséria absoluta, ao passo que outras dezenas de milhões mal conseguem sobreviver. No Brasil, o poder de compra das menores faixas de renda caiu em 50% entre 1940 e 1990 e pelo menos metade da população sofreu de algum nível de má nutrição.

Em boa parte da África, a miséria e a fome assumiram proporções horrendas. No Zaire, 80% das pessoas vivem na mais completa penúria. Na Ásia e na África, mais de 40% da população permanece no nível da inanição. Marx previu que um capitalismo em expansão traria maior riqueza para poucos e uma crescente miséria para muitos. Isso é o que parece estar acontecendo – e em escala global.

Uma ciência holística

Repetidamente rejeitado como uma "doutrina" obsoleta, o marxismo retém uma qualidade contemporânea irrefutável, pois é menos um corpo de máximas fixas e mais um método de olhar para além das aparências imediatas, para ver as qualidades intrínsecas e as forças em movimento que definem as relações sociais e muito da própria história. Como Marx observou: "Toda ciência seria supérflua se as aparências externas e a essência das coisas coincidissem diretamente". De fato, talvez a razão de boa parte da ciência social moderna parecer supérflua é porque ela se acomoda ao tedioso contorno das aparências externas.

Para entender o capitalismo, primeiro é preciso livrar-se das aparências apresentadas por sua ideologia. Diferentemente da maioria dos teóricos burgueses, Marx percebeu que aquilo que o capitalismo alega ser e aquilo que ele realmente é são duas coisas distintas. O que é único no capitalismo é a expropriação sistemática do trabalho para o exclusivo propósito do acúmulo. O capital anexa o trabalho vivo, a fim de acumular mais capital. O propósito final do trabalho não é prestar serviços aos consumidores ou sustentar a vida e a sociedade, mas acumular mais e mais dinheiro para o investidor, independentemente dos custos ambientais e humanos.

Um ponto essencial da análise marxista é que a estrutura social e a ordem de classe prefiguram nosso comportamento de muitas maneiras. O capitalismo invade todas as áreas do trabalho e da comunidade, explorando toda a vida social em sua busca pelo lucro. Ele converte natureza, trabalho, ciência, arte, música e medicina em *commodities*, e *commodities* em capital. Ele transforma a terra em bens imóveis, a cultura popular em cultura de massas, e cidadãos em trabalhadores e consumidores endividados.

Os marxistas entendem que uma sociedade de classes não é apenas uma sociedade dividida, mas dominada pelo poder de classe, com o Estado desempenhando o papel crucial na manutenção da estrutura de classes existente. O marxismo poderia ser considerado uma ciência "holística" na medida em que reconhece os vínculos entre os vários componentes do sistema social. O capitalismo não é apenas um sistema econômico, mas também um sistema político e cultural, uma ordem social inteira. Quando estudamos alguma parte dessa ordem, seja o noticiário, a mídia de entretenimento, a justiça criminal, o Congresso, os gastos com defesa, as intervenções militares no exterior, as agências de inteligência, o financiamento de campanhas, a ciência e tecnologia, a educação, os cuidados médicos, a tributação, o transporte, a habitação ou qualquer outro elemento, vemos como o aspecto particular se reflete na natureza do todo. Sua dinâmica única frequentemente fortalece e é determinada pelo sistema social mais amplo – em especial, a necessidade precípua do sistema de manter as prerrogativas da classe empresarial.

Em conformidade com sua função de sustentar o sistema, os principais veículos de mídia apresentam a realidade como uma fragmentação de eventos e assuntos que ostensivamente têm pouca relação entre si ou em relação a um conjunto mais amplo de relações sociais. Consideremos um fenômeno específico como o racismo. O racismo é apresentado essencialmente como um conjunto de más atitudes perpetradas por racistas. Há pouca análise sobre o que o torna tão funcional para uma sociedade de classes. Em vez disso, raça e classe são tratadas como conceitos mutuamente exclusivos, em concorrência um com o outro. Mas aqueles que compreendem o poder de classe sabem que, à medida que as contradições de classe se aprofundam e despontam, o racismo torna-se não menos, mas mais importante como um fator na luta de classes. Em suma, é provável que tanto raça quanto classe sejam arenas cruciais da luta simultaneamente.

Os marxistas argumentam que o racismo envolve não apenas atitudes pessoais, mas estruturas institucionais e poder sistêmico. Eles ressaltam que organizações e sentimentos racistas muitas vezes são propagados por forças reacionárias bem financiadas que buscam dividir a população trabalhadora contra si mesma, separando-a em enclaves étnicos antagônicos.

E também destacam que o racismo é usado como meio de comprimir salários, mantendo um segmento da mão de obra vulnerável à superexploração. Encarar o racismo no contexto mais amplo da sociedade capitalista é passar de uma reclamação liberal para uma análise radical. Em vez de pensar que o racismo é um produto irracional de um sistema em geral racional e benigno, deveríamos perceber que ele é um produto racional de um sistema em geral irracional e injusto. Por "racional", quero dizer propositado e funcional na preservação do sistema que o sustenta.

Por não ter uma abordagem holística em relação à sociedade, as ciências sociais convencionais tendem a compartimentalizar as experiências sociais. Então, pede-se para que reflitamos se este ou aquele fenômeno é cultural ou econômico ou psicológico, quando, normalmente, ele é uma mistura de todas essas coisas. Assim, um automóvel é, indubitavelmente, um artefato econômico, mas também tem um componente cultural e psicológico, e até mesmo uma dimensão estética. Precisamos de um maior senso de como, muitas vezes, fenômenos analiticamente distintos são empiricamente inter-relacionados e podem, de fato, ganhar força e serem definidos reciprocamente.

Marxistas não aceitam a visão preponderante de que as instituições simplesmente "existem" – especialmente as instituições formais mais articuladas, como a igreja, o exército, a polícia, a corporação militar, a universidade, a mídia, a medicina e assim por diante. As instituições são profundamente definidas por interesses de classe e poder de classe. Longe de serem bastiões neutros e independentes, as principais instituições da sociedade estão vinculadas à classe do grande capital. Representantes empresariais exercem um poder direto na tomada de decisões por meio do controle de conselhos de administração e diretorias. Normalmente, elites empresariais controlam os orçamentos e os próprios bens de várias instituições, um controle previsto em lei por meio de estatutos sociais e garantido pelas forças policiais do Estado. Seu poder se estende aos administradores escolhidos, às políticas definidas e ao desempenho dos funcionários.

As ciências sociais convencionais se dedicam a basicamente uma coisa: ignorar os vínculos entre a ação social e as demandas sistêmicas do capitalismo, evitando qualquer visão de poder em suas dimensões de classe e qualquer visão de classe como uma relação de poder. Para pesquisadores convencionais, o poder é visto como fragmentado e fluido, e a classe não é nada mais que uma categoria ocupacional ou de renda a ser correlacionada com preferências eleitorais, estilos de consumo ou qualquer outro fator, e não como uma relação entre aqueles que são proprietários e aqueles que trabalham para aqueles que são proprietários.

Na visão marxista, não pode haver apenas a classe como tal, uma entidade social em si mesma. Não pode haver senhores sem servos, mestres sem escravos, capitalistas sem trabalhadores. Mais do que simplesmente uma categoria sociológica, a classe é uma relação com os meios de produção e com o poder social e estatal. Essa ideia, tão fundamental para um entendimento de políticas públicas, é evitada por cientistas sociais convencionais, os quais preferem se concentrar em qualquer coisa, menos nas realidades do poder de classe.[74]

É impressionante, por exemplo, que alguns cientistas políticos tenham estudado a presidência e o Congresso por décadas sem mencionar uma palavra sobre o capitalismo, sem nem mesmo um olhar de lado sobre como os imperativos de uma ordem político-econômica capitalista desempenham um papel tão crucial na prefiguração da agenda política. As ciências sociais estão lotadas de "estudos do poder comunitário", que tratam comunidades e problemas como entidades autônomas isoladas. Tais investigações são normalmente limitadas à interação de atores políticos, com pouco sendo dito sobre como os problemas se vinculam a uma gama maior de interesses sociais.

Preconceitos ideológicos conservadores regularmente influenciam as estratégias de pesquisa da maioria dos cientistas sociais e analistas políticos. Nas ciências políticas, por exemplo:

1. As relações entre as nações capitalistas industriais e os países do Terceiro Mundo são descritas em termos de (a) "dependência" e "interdependência", como fomentadoras de um desenvolvimento mutuamente benéfico, em vez de (b) um imperialismo que explora a terra, o trabalho e os recursos de países mais fracos em benefício das classes favorecidas, tanto no mundo industrializado quanto no subdesenvolvido.

2. Diz-se que os Estados Unidos e outras sociedades "capitalistas democráticas" ficam de pé por (a) valores comuns que refletem o interesse comum, e não por (b) poder e dominação de classe.

---

[74] Ver a discussão sobre classe no próximo capítulo.

3. A fragmentação do poder no processo político é supostamente um indício de (a) fluidez e democratização do pluralismo de grupos de interesse, em vez da (b) apropriação e estruturação do poder de maneiras antidemocráticas e incontestáveis.

4. A propagação em massa de crenças políticas convencionais é descrita como (a) "socialização" política e "educação para a cidadania", e é tratada como um processo cívico desejável, em vez de (b) uma doutrinação que distorce o fluxo de informações e desvirtua as percepções críticas do público.

Em cada uma dessas instâncias, acadêmicos tradicionais oferecem a versão *a* não como um resultado de pesquisa, mas como uma suposição a priori que não requer nenhuma análise crítica, com base na qual a pesquisa é então fundamentada. Ao mesmo tempo, eles ignoram as evidências e as pesquisas que apoiam a versão *b*.

Ao ignorar as condições da classe dominante que exercem tal influência sobre o comportamento social, as ciências sociais convencionais se satisfazem com com a veracidade superficial, tentando explicar ações imediatas em termos exclusivamente imediatos. Tal abordagem prioriza explicações epifenomenais e idiossincráticas, as peculiaridades de personalidades e situações específicas. O que normalmente é ignorado nessas pesquisas (e em nossos noticiários, nossas observações diárias e, algumas vezes, nossas disputas políticas) é a maneira pela qual forças aparentemente remotas podem prefigurar nossas experiências.

Aprender a perguntar o motivo

Quando pensamos sem a perspectiva de Marx, isto é, sem considerar os interesses e o poder de classe, raramente perguntamos *por que* determinadas coisas acontecem. Muitas coisas são relatadas no noticiário, mas poucas são explicadas. Quase nada é dito sobre como a ordem social é organizada e quais interesses prevalecem. Desprovidos de uma estrutura que explique por que as coisas acontecem, somos levados a ver o mundo tal qual os analistas da mídia empresarial: como um fluxo de eventos, uma fragmentação de determinados acontecimentos e personalidades não relacionados a um conjunto maior de relações sociais – propelidos pelo acaso, por circunstâncias, intenções confusas e ambição individual, jamais por interesses de classe poderosos – e, no entanto, produzindo efeitos que servem a tais interesses com regularidade impressionante.

Assim, não conseguimos associar problemas sociais às forças socioeconômicas que os criam e aprendemos a mutilar nosso próprio pensamento crítico. E se tentássemos algo diferente? Por exemplo, se tentássemos explicar que a riqueza e a pobreza coexistem não em uma justaposição acidental, mas porque a riqueza causa a pobreza, um resultado inevitável da exploração econômica tanto localmente quanto no exterior. Como essa análise poderia ganhar algum tipo de exposição na mídia capitalista ou na vida política dominante?

Vamos supor que comecemos com uma determinada história sobre como o trabalho infantil na Indonésia é contratado por empresas transnacionais a níveis salariais de quase fome. Essas informações provavelmente não seriam relatadas nas publicações de direita, mas, em 1996, elas apareceram – após décadas de esforço por parte de alguns ativistas – na imprensa tradicional centrista. E o que aconteceria se, então, passássemos desse limite e disséssemos que tais relações de exploração empregador-empregado foram apoiadas por todo o poderio do governo militar indonésio? Poucos veículos de mídia publicariam essa matéria, mas ela ainda poderia ser mencionada em uma página interna do *New York Times* ou do *Washington Post*.

Suponha, então, que passássemos mais um limite e disséssemos que esses mecanismos repressivos não seriam predominantes se não fosse a generosa ajuda militar dos Estados Unidos, e que, por quase trinta anos, o regime militar homicida indonésio foi financiado, armado, aconselhado e treinado pelo Estado de segurança nacional estadunidense. Seria ainda mais improvável que essa história aparecesse na imprensa liberal, mas ainda trata-se de um problema específico e seguramente sem uma análise geral de classe. Por isso, ela poderia muito bem surgir em publicações de opinião da esquerda liberal, como as revistas *Nation* e *Progressive*.

Agora, vamos supor que mostrássemos que as condições encontradas na Indonésia – a impiedosa exploração econômica, a brutal repressão militar e o generoso apoio dos Estados Unidos – existem em inúmeros outros países. Vamos supor que ultrapassássemos o limite mais problemático de todos e, em vez de apenas lamentarmos esse fato, também perguntássemos *por que* sucessivos governos estadunidenses se envolvem em tais atividades inescrupulosas por todo o mundo. E se, então, tentássemos explicar que o fenômeno inteiro é coerente com a dedicação dos Estados Unidos em tornar o mundo seguro para o livre mercado e as gigantescas corporações transnacionais, e que os objetivos pretendidos são: (a) maximizar oportunidades para acumular riqueza pela redução dos níveis salariais dos trabalhadores em todo o mundo e pelo tolhimento da organização dos trabalhadores em nome de seus próprios interesses; e (b) proteger o sistema global geral de acúmulo de capital do livre mercado.

E se, em seguida, concluíssemos que a política externa estadunidense não é nem tímida, como dizem os conservadores, nem despropositada, como dizem os liberais, mas é incrivelmente bem-sucedida em reverter praticamente todos os governos e movimentos sociais que tentem atender às necessidades populares em vez da ganância empresarial privada?

Tal análise, apressadamente esboçada aqui, demandaria algum esforço para ser apresentada e equivaleria a uma crítica marxista – uma crítica correta – do imperialismo capitalista. Embora os marxistas não sejam os únicos que poderiam chegar a essa conclusão, quase certamente ela não seria publicada em lugar algum, exceto em uma publicação marxista. Passamos limites demais. Porque tentamos explicar uma situação particular (trabalho infantil) em termos de um conjunto maior de relações sociais (poder de classe empresarial), nossa apresentação seria rejeitada logo de cara por ser "ideológica". Os tabus perceptivos impostos pelos poderes dominantes ensinam as pessoas a evitarem pensar criticamente sobre tais poderes. Em contraste, o marxismo nos leva a criar o hábito de perguntar por quê, de vermos o vínculo entre eventos políticos e o poder de classe.

Um método comum de desvalorizar o marxismo é distorcer o que ele efetivamente diz e, em seguida, atacar a distorção. Isso acontece com muita frequência, já que a maioria dos críticos antimarxistas e suas plateias tem apenas uma leve familiaridade com a literatura marxista e apoia-se em suas próprias noções deturpadas. Assim, a *Carta Pastoral sobre o comunismo marxista* da Igreja Católica rejeita a alegação de que "a revolução estrutural [leia-se, de classe] pode curar totalmente uma doença que é o próprio homem" e pode oferecer "a solução para todo o sofrimento humano". Mas quem faz tal alegação? É inegável que a revolução não cura inteiramente todo o sofrimento humano. Mas por que essa afirmação é usada como uma refutação do marxismo? A maioria dos marxistas não é nem milenarista nem utópica. Eles não sonham com uma sociedade perfeita, mas com uma vida melhor e mais justa. Eles não prometem eliminar todo o sofrimento e reconhecem que, mesmo nas melhores sociedades, há os inevitáveis casos de infortúnio, mortalidade e outras vulnerabilidades da vida. E, sem dúvida, em qualquer sociedade, existem algumas pessoas que, por quaisquer motivos, são inclinadas a malfeitos e ao egoísmo da corrupção. A natureza altamente imperfeita dos seres humanos deveria nos tornar ainda mais determinados a não ver o poder e a riqueza se acumularem nas mãos de poucos irresponsáveis, que é o compromisso central do capitalismo.

O capitalismo e suas várias instituições afetam as dimensões mais pessoais da vida cotidiana de maneiras que não são prontamente evidentes. Uma abordagem marxista nos ajuda a ver conexões para as quais estávamos anteriormente cegos, de modo a relacionar efeitos a causas e substituir o arbitrário e o misterioso pelo regular e o necessário. Uma perspectiva marxista nos ajuda a ver a injustiça como enraizada em causas sistêmicas que vão além da escolha individual, e a ver eventos cruciais não como acontecimentos neutros, mas como as consequências propositais do interesse e do poder de classe. O marxismo também mostra como até mesmo consequências *inesperadas* podem ser utilizadas por aqueles com maiores recursos, a fim de atender a seus interesses.

Marx ainda é relevante atualmente? Somente para quem quer saber por que a mídia distorce o noticiário principalmente com um viés favorável ao *establishment*; por que mais e mais pessoas aqui e no exterior enfrentam adversidades econômicas enquanto o dinheiro continua se acumulando nas mãos de relativamente poucos; por que há tanta riqueza privada e pobreza pública neste país e em outros lugares; por que as forças militares estadunidenses consideram necessário intervir em tantas regiões do mundo; por que uma economia rica e produtiva oferece recessão e desemprego crônicos e negligencia necessidades sociais; e por que tantos titulares de cargos políticos não estão dispostos ou não conseguem atender ao interesse público.[75]

---

[75] Para um maior aprofundamento dessas questões, convido o leitor a ler vários dos meus livros: *Democracy for the Few* [Democracia para poucos] (6. ed., Nova York: St. Martin's Press, 1995); *Against Empire* e *Dirty Truths*.

Alguns teóricos marxistas ascenderam a alturas tão estratosféricas do pensamento abstrato que raramente entram em contato com as realidades políticas aqui da Terra. Eles passam o tempo falando uns com outros, usando um código autorreferencial, um ritual escolástico que Doug Dowd descreveu como "quantos marxistas conseguem dançar na cabeça de um mais-valor.". Felizmente, há outras pessoas que não somente nos *falam* sobre a teoria marxista, mas *demonstram* sua utilidade ao aplicá-la a realidades políticas. Eles sabem como encontrar conexões entre a experiência imediata e forças estruturais maiores que determinam essa experiência. Eles ultrapassam o limite proibido e falam sobre o poder de classe.

É por isso que, apesar de toda a falsificação e supressão, os estudos marxistas sobrevivem. Embora não tenham todas as respostas, eles têm um poder de explicação superior, que nos diz algo sobre a realidade que a academia burguesa se recusa a fazer. O marxismo oferece os tipos de verdades subversivas que causam medo e temor entre os ricos e poderosos, aqueles que vivem no topo de montanhas de mentiras.

9. TUDO, MENOS CLASSE: É PRECISO EVITAR A PALAVRA QUE COMEÇA COM "C"

"Classe" é um conceito que é categoricamente evitado tanto por autores do *establishment* quanto por muitos na esquerda. Quando determinadas palavras são eliminadas do discurso público, também são eliminados certos pensamentos. Ideias dissidentes tornam-se ainda mais difíceis de serem expressas quando não há palavras para expressá-las. Normalmente, "classe" é rejeitada como uma noção marxista ultrapassada, sem nenhuma relevância para a sociedade contemporânea. Trata-se de uma palavra de seis letras que é tratada como se fosse um palavrão.

Com a palavra que começa com "c" descartada, fica então fácil se livrar de outros conceitos politicamente inaceitáveis, como privilégio de classe, poder de classe, exploração de classe, interesse de classe e luta de classes. Eles também não são mais considerados relevantes, se é que alguma vez o foram, em uma sociedade que supostamente consiste na interação fluida pluralista de diversos grupos.

A negação da luta de classes

Aqueles que ocupam os círculos mais altos da riqueza e do poder estão plenamente cientes de seus próprios interesses. Embora, algumas vezes, tenham sérias divergências entre si a respeito de questões específicas, eles apresentam uma coesão impressionante na hora de proteger o poder, a propriedade, o privilégio e o lucro do sistema de classes existente.

Ao mesmo tempo, tomam cuidado para desencorajar a conscientização pública do poder de classe que exercem. Eles evitam a palavra que começa com "c", especialmente quando usada em referência a eles mesmos, como em a "classe proprietária", a "classe alta" ou a "classe abastada". E gostam ainda menos quando os elementos politicamente ativos da classe proprietária são chamados de a "classe dominante".

A classe dominante neste país trabalhou muito para deixar a impressão de que ela não existe, não é dona da maior parte de quase tudo o que existe, e de que não exerce uma influência amplamente desproporcional sobre os negócios do país. Tais precauções são elas mesmas sintomáticas de uma aguda consciência de interesses de classe.

No entanto, membros da classe dominante estão longe de serem invisíveis. Suas posições de comando no mundo empresarial, seu controle das finanças e das indústrias internacionais, sua propriedade da grande mídia e sua influência sobre o poder do Estado e o processo político são todos assuntos de domínio público – em alguma medida.[76] Embora pareça uma simples questão de aplicar a palavra que começa com "c" àqueles que ocupam as mais altas "camadas" sociais, a ideologia da classe dominante condena qualquer aplicação disso como um mergulho nas "teorias da conspiração".

A palavra que começa com "c" também é tabu quando aplicada aos milhões que fazem o trabalho da sociedade por aquilo que, normalmente, são salários miseráveis, a "classe trabalhadora", um termo que é rejeitado como um jargão marxista. E é proibido fazer referência às "classes exploradora e explorada", pois, nesse caso, a pessoa estará se referindo à verdadeira essên-

---

[76] Para um tratamento mais detalhado dos recursos e das influências da classe dominante, ver o meu livro *Democracy for the Few*.

cia do sistema capitalista, a acumulação de riqueza empresarial à custa do trabalho.

A palavra que começa com "c" é um termo aceitável quando acompanhada do tranquilizante adjetivo "média". Todo político, publicista e comentarista fará um tributo sobre a classe média, objeto de sua preocupação genuína. A muito admirada e muito lastimada classe média supostamente é formada por pessoas virtuosamente autossuficientes, livres da presumida prodigalidade daqueles que habitam os degraus mais baixos da sociedade. Ao incluir quase todos, a "classe média" serve como um conceito convenientemente amorfo, que mascara a exploração e a desigualdade das relações sociais. É uma etiqueta de classe que nega a realidade do poder de classe.

A palavra que começa com "c" é permissível quando aplicada a um outro grupo, o povo que vive no degrau mais baixo da sociedade, o que menos consegue ter acesso às coisas, ao mesmo tempo que é regularmente culpado por sua própria condição de vítima: a "classe inferior", ou a "ralé". Referências às supostas deficiências de pessoas da classe inferior são aceitáveis porque reforçam a hierarquia social existente e justificam o tratamento injusto conferido aos elementos mais vulneráveis da sociedade.

A realidade de classe é obscurecida por uma ideologia cujos fundamentos podem ser resumidos e refutados da seguinte maneira:

Crença: Não existem divisões de classe reais nesta sociedade. Exceto por alguns ricos e pobres, quase todos somos de classe média.

Resposta: A riqueza é enormemente concentrada nas mãos de relativamente poucos neste país, ao passo que dezenas de milhões trabalham por salários de miséria, quando há trabalho disponível. A discrepância entre ricos e pobres sempre foi grande e tem aumentado desde o final da década de 1970. Aqueles no meio também têm suportado injustiça e insegurança econômica crescentes.

Crença: Nossa cultura e nossas instituições sociais são entidades autônomas em uma sociedade plural, amplamente livres das influências da riqueza e do poder de classe. Pensar o contrário é dar asas a teorias da conspiração.

Resposta: Grandes concentrações de riqueza exercem influência em todos os aspectos da vida, muitas vezes uma influência dominadora. Nossas instituições sociais e culturais são comandadas por conselhos de administração (ou de agentes fiduciários ou de regentes) cujos membros são normalmente provenientes de elites empresariais interligadas, não eleitas e autosselecionadas. Elas e seus mercenários ocupam a maior parte das posições de comando do Executivo e de outros organismos formuladores de políticas e manifestam uma aguçada consciência de seus interesses de classe quando definem políticas locais e internacionais. Isso inclui políticas como o Acordo Geral de Tarifas e Comércio (GATT), concebido para contornar qualquer soberania democrática existente nos países.[77]

Crença: As diferenças entre ricos e pobres são um dado natural, não causalmente vinculado. O comportamento humano individual, não a classe, determina o desempenho humano e as chances na vida. Os arranjos sociais existentes são um reflexo natural de propensões humanas em grande medida inatas.

Resposta: Todas as ideologias conservadoras justificam as desigualdades existentes como a ordem natural das coisas, resultados inevitáveis da natureza humana. Se os muito ricos são naturalmente tão mais capazes do que o resto de nós, por que eles precisam contar com tantos privilégios artificiais no âmbito da lei, tantos resgates financeiros, subsídios, além de outras deferências especiais – à nossa custa? Seus "talentos naturalmente superiores" incluem subterfúgios ilegais e sem escrúpulos, como fixação de preços, manipulação de ações, uso

---

[77] Para uma discussão sobre o GATT, ver meu livro *Against Empire*.

indevido de informações confidenciais, fraude, evasão fiscal, a imposição legal da concorrência desleal, destruição do meio ambiente, produtos nocivos e condições de trabalho insalubres. Seria de se esperar que pessoas naturalmente superiores não agissem de maneira tão voraz e venal. Diferenças eventuais em talento e capacidade entre indivíduos não desculpam os crimes e as injustiças que são endêmicas ao sistema empresarial.

Os teóricos do ABC

Mesmo entre pessoas normalmente identificadas como progressistas, encontramos relutância em lidar com a realidade do poder de classe capitalista. Algumas vezes, a rejeição à palavra que começa com "c" é muito categórica. Em uma reunião em Nova York, em 1986, ouvi o sociólogo Stanley Aronowitz comentar: "Quando ouço a palavra 'classe', simplesmente bocejo". Para Aronowitz, classe é um conceito de importância em declínio, usado por aqueles a quem ele se referia repetidamente como "marxistas ortodoxos".[78]

---

[78] Aronowitz e alguns outros acadêmicos de "esquerda" lutam contra o marxismo ao produzirem exegeses hiperteóricas em um campo chamado "estudos culturais". O fato de que seus textos, muitas vezes impenetráveis, raramente fazem contato com o mundo real foi demonstrado em 1996 pelo físico Alan Sokal, ele mesmo uma pessoa de esquerda, que escreveu uma paródia de estudos culturais e a enviou para a *Social Text*, o periódico de Aronowitz dedicado a artigos que se especializam em verborragia, pretensões pedantes e malandragem acadêmica. O artigo de Sokal estava cheio de jargões obscuros, mas na moda, referências a sujeitos como Jacques Derrida e o próprio Aronowitz. Ele alegava ser uma "exposição epistêmica" de "progressos recentes na área de gravidade quântica" e da "multiplicidade do espaço-tempo" e das "categorias conceituais fundacionais da ciência anterior" que se "tornaram problematizadas e relativizadas" com "implicações

Outro acadêmico de esquerda, Ronald Aronson, em um livro chamado *After Marxism* [Depois do marxismo], alega – diante de todas as evidências recentes – que as classes na sociedade capitalista se tornaram "menos polarizadas" e que a exploração de classe não é um problema urgente hoje em dia porque os sindicatos de trabalhadores "conseguiram poder para proteger seus membros e afetar a política social". Isso em um momento quando muitos sindicatos estão sendo destruídos, funcionários estão sendo rebaixados ao *status* de pejotizados, e a discrepância de renda é a maior em décadas.

Muitos dos que fingem estar na esquerda são tão fanaticamente antimarxistas a ponto de utilizar qualquer conceito

---

profundas para o conteúdo de uma futura ciência pós-moderna e libertadora". Vários editores da *Social Text* leram e aceitaram o texto como uma contribuição séria. Depois de sua publicação, Sokal revelou que o artigo não passava de um texto sem nexo, que "não respeitava nenhum padrão de evidência ou lógica". De fato, ele demonstrou que os editores do periódico estavam tão profundamente imersos em um discurso pretensiosamente empolado que não foram capazes de distinguir um esforço intelectual genuíno de uma paródia tola. Aronowitz respondeu chamando Sokal de "ignorante e semiletrado" (*New York Times*, 18 maio 1996). O comentário de Robert McChesney vem à memória: "Em algumas universidades, a própria expressão 'estudos culturais' se tornou sinônimo da conclusão de uma piada ruim. Ela significa pesquisa descuidada, autocongratulação e pretensão grotesca. Na pior das hipóteses, os proponentes desses ultramodernos estudos culturais são incapazes de defender seu trabalho, e por isso nem sequer tentam mais, alegando que seus críticos estão presos a noções ultrapassadas, como evidência, lógica, ciência e racionalidade" (*Monthly Review*, mar. 1996). Em minha opinião, um dos principais efeitos dos estudos culturais é desviar a atenção das realidades vitais do poder de classe, das coisas "ultrapassadas" que levam Aronowitz e seus parceiros a bocejar.

concebível exceto o poder de classe para explicar o que está acontecendo no mundo. Eles são os teóricos do ABC ("*anything-but-class*", ou tudo, menos classe), que, embora não estejam aliados aos conservadores na maioria das questões políticas, fazem sua parte ao atrofiarem a conscientização de classe.[79]

Os teóricos do ABC de "esquerda" dizem que estamos dando muita atenção para o conceito de classe. Quem exatamente está fazendo isso? Ao pesquisar as publicações acadêmicas do *establishment*, periódicos radicais e conferências de acadêmicos socialistas, é difícil encontrar muita análise de classe de qualquer tipo. Longe de dar muita atenção ao poder de classe, a maioria dos autores e comentaristas estadunidenses ainda precisa descobrir o assunto. Enquanto agridem uma esquerda marxista minúscula, os teóricos do ABC gostariam que nós pensássemos que eles estão lutando corajosamente contra hordas de marxistas que dominam o discurso intelectual neste país – mais uma alucinação que compartilham com os conservadores.[80]

---

[78] Para exemplos típicos, experimente a prosa verborrágica e pretensiosa de teóricos anticomunistas como Ernesto Laclau e Chantal Mouffe, ambos tratados de maneira reverente por seus homólogos neste país. Uma moda recente dos intelectuais do ABC de "esquerda" é o "pós-modernismo", que argumenta que os princípios da racionalidade e da evidência dos tempos modernos não mais se aplicam; ideologias duradouras perderam sua relevância, assim como a maior parte da história e da economia política; e que não se pode mais desenvolver uma confiável crítica de classe e de forças institucionais. Enquanto alega procurar por novos "significados", o pós-modernismo assemelha-se às mesmas antigas teorias anticlasse, tanto de direita quanto de esquerda. Para uma discussão e crítica, ver Ellen Meiksins Wood e John Bellamy Foster (orgs.), *Em defesa da história* (trad. Ruy Jungmann, Rio de Janeiro: Jorge Zahar, 1999).

[80] Algumas publicações que alegam ser de esquerda, como *Dissent*, *New Republic*, *New Politics*, *Telos*, *In These Times* e *Democratic*

Em sua busca incessante por esquemas conceituais que poderiam silenciar a análise de classe do marxismo, os teóricos do ABC de "esquerda" têm tagarelado por anos a respeito de uma falsa dicotomia entre o Marx do período inicial (culturalista, humanista, bom) e o Marx tardio (dogmático, economicista, ruim).[81] Como observa o acadêmico marxista Bertell Ollman, esse contraponto artificial transforma um desenvolvimento relativamente pequeno na obra de Marx em um fosso entre duas maneiras de pensar que têm pouco em comum.[82]

Left, muitas vezes, podem ser tão intransigentes quanto qualquer pasquim conservador em seu anticomunismo, antimarxismo e, claro, antissovietismo.

[81] Um daqueles que finge estar na esquerda é John Judis, cujo analfabetismo impressionante em relação ao marxismo não o impede de distinguir entre marxistas "humanistas" e marxistas "deterministas econômicos pobres de espírito" (*In These Times*, 23 set. 1981). Segundo Judis, os últimos não conseguem atribuir nenhuma importância a condições culturais e estruturas políticas. Não conheço nenhum marxista que se enquadre nessa descrição. Eu, por exemplo, trato das instituições culturais e políticas detalhadamente em vários livros meus – mas a cultura ancorada em um sistema geral de controle e propriedade empresarial; ver os meus livros *Power and the Powerless* [O poder e os impotentes] (Nova York: St. Martin's Press, 1978); *Make-Believe Media: The Politics of Entertainment* [A mídia do faz-de-conta: a política do entretenimento] (Nova York: St. Martin's Press, 1992); *Inventing Reality: The Politics of News Media* [Realidade inventada: a política da mídia noticiosa], (2. ed., Nova York: St. Martin's Press, 1993); *Land of Idols: Political Mythology in America* [Terra de ídolos: mitologia política nos Estados Unidos] (Nova York: St. Martin's Press, 1994) e *Dirty Truths*.

[82] Ollman indica que a estrutura analítica de Marx não emergiu de sua cabeça pronta. Nos trabalhos iniciais, como os *Manuscritos econômico-filosóficos* e *A ideologia alemã*, Marx está no processo de se tornar um marxista e está organizando seu entendimento do capitalismo na

Alguns teóricos do ABC deram duro para promover os textos do antigo líder do Partido Comunista Italiano, Antonio Gramsci, como uma fonte da teoria cultural para se opor à análise de classe marxista (ver, por exemplo, publicações como *Telos*, de Paul Piccone, durante a década de 1970 e o início da década de 1980). Gramsci, eles diziam, rejeitou as visões "economicistas" de Marx e Lênin, e não tratou a luta de classes como um conceito central, preferindo desenvolver uma "análise nuançada" com base na hegemonia cultural. Assim, transformaram Gramsci no "marxista que podemos levar para apresentar à mamãe em casa", conforme explica o historiador T. J. Jackson. E, como acrescentou Christopher Phelps:

> Gramsci tornou-se dócil, domesticado, desnaturado – uma sombra de sua personalidade revolucionária. Acadêmicos que buscam justificar seu abrigo em teorias altamente obscuras criam ilusões fantásticas sobre sua atividade "contra-hegemônica". Eles criaram um Gramsci mítico, que defende pontos de vista que jamais defendeu, inclusive uma oposição à organização socialista revolucionária do tipo que ele, seguindo os passos de Lênin, considerava indispensável. (*Monthly Review*, nov. 1995)

O próprio Gramsci teria considerado as declarações feitas sobre ele pelos teóricos do ABC como insolitamente descabidas. Ele jamais tratou cultura e classe como termos mutuamente exclu-

---

história, pendendo mais pesadamente em seu treinamento filosófico e em suas críticas aos neo-hegelianos. Embora mais predominante nos textos mais antigos, conceitos como alienação e a linguagem da dialética aparecem ao longo de toda a sua obra, inclusive em *O capital*; ver o artigo inédito de Bertell Ollman, "The Myth of the Two Marxs"; além de David McLellan, *The Young Hegelians and Karl Marx* [Os jovens hegelianos e Karl Marx] (Londres: McMillan, 1969).

sivos, mas considerava a hegemonia cultural como um instrumento vital da classe dominante. Além disso, ocupou um destacado cargo de responsabilidade no Partido Comunista Italiano e se considerava firmemente dentro do campo marxista-leninista.

Quando o conceito de classe recebe alguma atenção nas ciências sociais acadêmicas, na sociologia *pop* e no comentário da mídia, é como um tipo de atributo demográfico ou situação ocupacional. Assim, sociólogos falam em "média alta", "média baixa" e coisas afins. Reduzido a um atributo demográfico, a filiação de classe de uma pessoa certamente pode parecer ter uma relevância política relativamente baixa. A própria sociedade se torna pouco mais do que uma configuração pluralista de grupos de variados *status*. Classe não é um assunto tabu se está divorciada do processo de acumulação exploradora do capitalismo.

Tanto os cientistas sociais do *establishment* quanto os teóricos do ABC de "esquerda" deixam de considerar a correlação dinâmica que imprime às classes sua importância. Em contraste, os marxistas tratam classe como um conceito fundamental em toda uma ordem social conhecida como capitalismo (ou feudalismo ou escravidão), centrada ao redor da propriedade privada dos meios de produção (fábricas, minas, poços de petróleo, agronegócios, conglomerados de mídia e similares) e da necessidade da pessoa – caso não seja proprietária dos meios de produção – de vender sua força de trabalho em condições que sejam altamente favoráveis ao empregador.

A classe obtém sua importância do processo de extração do mais-valor. A relação entre trabalhador e proprietário é essencialmente uma relação de natureza exploradora, envolvendo a transferência constante da riqueza daqueles que trabalham (mas não são proprietários) para aqueles que são proprietários (mas não trabalham). É assim que algumas pessoas ficam cada vez mais ricas sem trabalhar, ou fazendo apenas uma fração do trabalho que as enriquece, ao passo que outras trabalham muito durante toda a vida somente para acabarem com pouco ou sem nada.

Tanto os cientistas sociais ortodoxos quanto os teóricos do ABC de "esquerda" tratam as diversas facções sociais no âmbito da classe não capitalista como classes em si mesmas; por isso, falam de uma "classe de colarinhos-azuis", uma "classe de profissionais liberais" e assim por diante. Ao fazerem isso, alegam ir além de um modelo de classes marxista dualista e "reducionista". Mas o que é mais reducionista do que ignorar a dinâmica subjacente do poder econômico e o conflito entre capital e trabalho? O que é mais enganoso do que tratar grupos de ocupações como classes autônomas, dando atenção a cada grupo social na sociedade capitalista, exceto à própria classe capitalista; a todo conflito social, exceto a luta de classes?

Tanto os teóricos do ABC convencionais quanto os de "esquerda" têm dificuldade em entender que a criação de uma formação social gerencial ou tecnocrática não constitui nenhuma mudança básica nas relações de propriedade do capitalismo nem a criação de novas classes. Profissionais liberais e administradores não são uma classe autônoma propriamente dita. Em vez disso, são trabalhadores intelectuais que vivem muito melhor do que a maioria dos outros funcionários, mas que ainda assim servem ao processo de acúmulo em nome dos proprietários empresariais.

A luta de classes do dia a dia

A fim de apoiar sua opinião de que classe (no sentido marxista) é um conceito ultrapassado, os teóricos do ABC repetidamente afirmam que não haverá uma revolução de trabalhadores nos Estados Unidos no futuro próximo. (Ouvi essa opinião em três painéis distintos durante uma "conferência gramsciana" em Amherst, Massachusetts, em abril de 1987.) Mesmo se concordássemos com essa profecia, ainda assim poderíamos imaginar como isso se torna motivo para rejeitar a análise de classe e para concluir que não há tal coisa como a exploração do trabalho pelo capital e nenhuma oposição das pessoas que trabalham para ganhar a vida.

A revolução feminista que iria transformar toda a nossa sociedade patriarcal até o momento não se materializou. No entanto, nenhuma pessoa progressista acredita que isso significa que o sexismo é uma quimera ou que as lutas relacionadas ao gênero não têm grande importância. O fato de que trabalhadores nos Estados Unidos não estejam montando barricadas não significa que a luta de classes seja um mito. Na sociedade atual, tais lutas fazem parte de praticamente todas as atividades no local de trabalho. Os empregadores estão incessantemente triturando os trabalhadores, e os trabalhadores estão constantemente revidando contra os empregadores.

A guerra de classes do capital é travada com liminares, legislação antitrabalhista, repressão policial, quebra de sindicatos, violações contratuais, *sweatshops*, marcação desonesta da jornada de trabalho, violações de segurança, assédio e demissão de trabalhadores que imponham resistência, cortes nos salários e benefícios, ataques às aposentadorias, dispensas e fechamentos de fábricas. Os trabalhadores defendem-se com organização sindical, greves, operações-tartaruga, boicotes, manifestações públicas, ações sindicais, ausências coordenadas e sabotagem do local de trabalho.

A classe tem uma dinâmica que vai além de sua visibilidade imediata. Independentemente de estarmos cientes disso ou não, as realidades de classe atravessam a nossa sociedade, determinando boa parte da nossa capacidade de lutarmos por nossos próprios interesses. O poder de classe é um fator na definição da agenda política, com a seleção de líderes, a apresentação de notícias, o financiamento de ciência e educação, a distribuição de serviços de saúde, os maus-tratos ao meio ambiente, a compressão salarial, a resistência à igualdade racial e de gênero, a comercialização de entretenimento e artes, a propagação de mensagens religiosas, a repressão da dissidência e a definição da própria realidade social.

Os teóricos do ABC veem a classe trabalhadora não apenas como incapaz de fazer a revolução, mas como algo que está desaparecendo de cena, diminuindo em importância como uma formação social.[83] Qualquer um que ainda pense que o conceito de classe é de primeira importância é rotulado como um marxista obstinado, culpado de "economismo" e "reducionismo" e incapaz de se manter atualizado em uma época "pós-marxista", "pós-estruturalista", "pós-industrial", "pós-capitalista", "pós-moderna" e "pós-desconstrutivista".

É irônico que alguns intelectuais de esquerda considerem a luta de classes amplamente irrelevante no próprio momento em que o poder de classe está se tornando cada vez mais transparente, no momento mesmo em que a concentração empresarial e o acúmulo de lucros está mais voraz do que nunca, e em que o sistema tributário se torna mais regressivo e opressor, em que a transferência de renda e riqueza para cima se acelerou, em que os ativos do setor público estão sendo privatizados, em que o dinheiro do empresariado exerce um controle crescente no processo político, em que as pessoas no país e no exterior estão trabalhando mais duro para receber menos, e em que em todo o mundo a pobreza está crescendo a uma taxa mais rápida do que a população em geral.

---

[83] A maioria dos teóricos do ABC tem uma experiência muito limitada no dia a dia com trabalhadores de verdade, um fato que pode contribuir para sua impressão de que a classe trabalhadora é de importância marginal.

Há neoconservadores e centristas do *establishment* que exibem uma melhor conscientização da luta de classes do que os teóricos do ABC de "esquerda". Assim, o antigo editor-executivo do *New York Times*, A. M. Rosenthal, considera a ofensiva "agressiva e sem quartel" do Partido Republicano contra os programas sociais como "não apenas uma receita para a luta de classes, mas o começo de sua concretização" (*New York Times*, 21 mar. 1995). Rosenthal prossegue, mencionando Felix Rohatyn, financista de Wall Street, que observa que "os grandes beneficiários da nossa expansão econômica foram os proprietários de ativos financeiros", no que equivale a "uma enorme transferência de riqueza dos trabalhadores estadunidenses de classe média menos qualificados para os proprietários de ativos de capital e para a nova aristocracia tecnológica". Cada vez mais, "trabalhadores se veem como simplesmente ativos temporários que servem para ser contratados e demitidos, a fim de proteger o lucro e criar 'valor para o acionista'".

Não fica bem para os intelectuais do ABC de "esquerda" quando eles são superados por pessoas do *establishment* como Rosenthal e Rohatyn.

Abraçando tudo, menos classe, membros da esquerda estadunidense atualmente desenvolveram uma gama de grupos identitários centrados ao redor de questões étnicas, de gênero, culturais e de estilo de vida. Esses grupos tratam suas respectivas queixas como algo separado da luta de classes, e não têm quase nada a dizer sobre as injustiças político-econômicas de *classe* cada vez mais duras perpetradas contra todos nós. Grupos identitários tendem a enfatizar sua singularidade e independência uns dos outros, dividindo assim o movimento de protesto. Sem dúvida, eles têm importantes contribuições a fazer sobre questões que são especialmente importantes para eles, questões muitas vezes ignoradas por outros. Mas eles também não deveriam minimizar seus interesses comuns nem ignorar o inimigo de classe comum que enfrentam. As forças que impõem injustiça de classe e exploração econômica são as mesmas que propagam racismo, sexismo, militarismo, devastação ambiental, homofobia, xenofobia etc.

As pessoas podem não desenvolver consciência de classe, mas ainda assim são afetadas pelo poder, por privilégios e entraves relacionados à distribuição de riqueza e necessidades. Essas realidades não são canceladas por raça, gênero ou cultura. Estes últimos fatores funcionam dentro de uma sociedade de classes global. As exigências da exploração e do poder de classe definem a realidade social na qual todos vivemos. O racismo e o sexismo ajudam a criar categorias superexploradas de trabalhadores (minorias e mulheres) e reforçam as noções de desigualdade que são tão funcionais para o sistema capitalista.

Abraçar a análise de classe não é negar a importância das questões identitárias, mas ver como elas estão vinculadas tanto entre si quanto à estrutura geral do poder político-econômico. Uma conscientização das relações de classe aprofunda nosso entendimento sobre cultura, raça, gênero e outras categorias semelhantes.

Riqueza e poder

Para que poucos escolhidos possam viver em grande opulência, milhões de pessoas trabalham duro por toda uma vida, jamais livres da insegurança financeira, e a um enorme custo para a qualidade de suas vidas. A reclamação não é a de que os muito ricos têm muitíssimo mais do que todas as outras pessoas, mas que sua superabundância e acúmulo infindável ocorrem à custa de todas as demais pessoas e de todo o resto, inclusive das nossas comunidades e do nosso meio ambiente.

Enormes concentrações de riqueza dão à classe proprietária controle não apenas sobre a subsistência de milhões de pessoas, mas sobre a própria vida cívica. Dinheiro é o ingrediente necessário que dá aos ricos sua imensa influência política, sua propriedade monopolista da mídia de massa, seu acesso a lobistas experientes e aos altos cargos públicos. Para aqueles que a possuem, a grande riqueza também traz prestígio social e domínio cultural, inclusive participação em organismos dirigentes de fundações, universidades, museus, instituições de pesquisa e escolas profissionais.

Do mesmo modo, a ausência de dinheiro é o que faz com que aqueles que não têm nada ou têm pouco sejam relativamente impotentes, privando-os de acesso à mídia nacional e limitando enormemente sua influência sobre os tomadores de decisões políticas. À medida que a disparidade entre o empresariado endinheirado e o resto de nós aumenta, diminuem as oportunidades para que haja um governo popular.

Há muito palavreado sobre "como equilibrar liberdade com segurança". A história nos oferece numerosos exemplos de líderes que, em nome da segurança nacional, estavam prontos para acabar com as poucas e preciosas liberdades que as pessoas tinham conquistado após a luta de gerações. Questionamentos à ordem social privilegiada são tratados como ataques sobre toda a ordem social, um mergulho no caos e na anarquia. Medidas repressivas são declaradas necessárias para salvaguardar as pessoas do perigo de terroristas, de subversivos, da esquerda radical, além de outros supostos inimigos, externos e internos.

Repetidas vezes, somos solicitados a escolher entre liberdade e segurança, quando, na verdade, não existe segurança sem liberdade. Tanto em ditaduras, quanto em democracias, as agências de "segurança nacional", agindo de maneira sigilosa e sem prestar contas a ninguém, têm violado com regularidade tanto a nossa liberdade quanto a nossa segurança, praticando todos os tipos conhecidos de repressão, corrupção e trapaça.

Uma vez que tenham o controle do Estado, interesses plutocráticos podem usar um sistema de tributação regressivo, a fim de fazer o público pagar pelas agências de repressão que são essenciais ao domínio das elites. Ainda assim, a governança democrática pode se provar problemática, mobilizando todos os tipos de demandas populares e impondo limites ao Grande Capital no usufruto de um mercado livre de restrições. Por esse motivo, os capitães do capitalismo e seus publicistas conservadores apoiam tanto um Estado forte, armado com todo o tipo de poder invasivo, quanto um governo fraco, incapaz de interromper o abuso empresarial ou de atender às necessidades da população comum.

Além dos imperativos sistêmicos que fazem o capitalismo acumular infinitamente, também precisamos nos ver às voltas com a força motriz da cobiça de classe. A riqueza é um vício. Não há fim para a quantidade de dinheiro que uma pessoa possa querer acumular. A melhor proteção para quem é rico é ficar ainda mais rico, acumulando cada vez mais, entregando-se à *auri sacra fames*, a maldita fome de ouro, o desejo por mais dinheiro do que pode ser gasto em mil vidas de consumo ilimitado, não sofrendo com a falta de nada, mas ainda assim querendo mais e mais dinheiro.

A riqueza compra todo tipo de conforto e privilégio na vida, a fama da fortuna, que eleva seu possuidor à mais elevada estratosfera social, uma expressão do engrandecimento de si mesmo, uma expansão dos limites do ego, uma extensão da existência de uma pessoa para além do túmulo, deixando uma sensação de quase invulnerabilidade ao tempo e à mortalidade.

A riqueza é perseguida sem restrições morais. Os muito ricos tentam esmagar qualquer um que resista a seu acúmulo sem fim, impiedoso e sem princípios. Como em qualquer vício, o dinheiro é perseguido de uma maneira obsessiva, amoral e obstinada, revelando uma total desconsideração pelo que é certo ou errado, justo ou injusto, uma indiferença a outras considerações e aos interesses de outras pessoas – e até mesmo aos próprios interesses caso eles vão além da alimentação do vício.[84]

O capitalismo é um sistema racional, a maximização sistemática bem-calculada de poder e lucro, um processo de acúmulo ancorado na obsessão material que tem a consequência irracional última de devorar o próprio sistema – e tudo o mais com ele.

Ecoapocalipse, uma iniciativa de classe

Em 1876, o colaborador de Marx, Friedrich Engels, fez uma advertência profética:

> Não fiquemos [...] demasiado lisonjeados em vista da nossa conquista humana sobre a natureza. Pois cada uma dessas vitórias se vinga de nós. [...] A cada etapa, somos lembrados de que de maneira alguma dominamos a natureza como um conquistador domina um povo estrangeiro, como alguém que se encontra fora da natureza – mas que, com carne, sangue e cérebro, pertencemos à natureza, e existimos dentro dela.

Com sua ênfase inesgotável na exploração e na expansão, e sua indiferença aos custos ambientais, o capitalismo parece determinado a permanecer fora da natureza. A essência do capitalismo, sua razão de ser, é converter a natureza em *commodities* e *commodities* em capital, transformando a terra viva em riqueza

---

[84] Assim, é necessário e desejável que haja leis para proteger o meio ambiente, as vidas dos trabalhadores e a saúde dos consumidores, porque o Grande Capital é completamente indiferente a essas coisas, e – caso elas atrapalhem os lucros – apresenta uma hostilidade absoluta em relação a regulamentos em nome do interesse público. Algumas vezes, esquecemos quão profundamente imoral é o poder empresarial.

inanimada. Esse processo de acúmulo de capital cria o caos no sistema ecológico global. Ele trata os recursos que sustentam a vida no planeta (terras aráveis, águas subterrâneas, mangues, florestas, recursos pesqueiros, leitos dos oceanos, rios, qualidade do ar) como ingredientes supérfluos de suprimentos ilimitados, para serem consumidos ou poluídos à vontade. Em consequência, os sistemas de suporte de toda a ecosfera – a fina película de ar, água e solo arável do planeta – estão em risco, ameaçados por perigos como aquecimento global, erosão massiva e deterioração da camada de ozônio.

O aquecimento global é causado pelo desmatamento tropical, pelos escapamentos de veículos a motor e outras emissões de combustíveis fósseis que criam um "efeito estufa", retendo calor próximo à superfície da Terra. Esse calor maciço está alterando a química atmosférica e os padrões climáticos em todo o planeta, causando secas, enchentes, maremotos, nevascas, furacões, ondas de calor e enormes perdas na umidade do solo de maneira jamais vista. Agora, sabemos que o planeta não tem uma capacidade ilimitada de absorver o calor causado pelo consumo energético.

Outra catástrofe potencial é o encolhimento da camada de ozônio, que nos protege dos mais mortíferos raios solares. Mais de 1,1 milhão de toneladas de produtos químicos destruidores da camada de ozônio são lançados na atmosfera terrestre todos os anos, resultando em radiação ultravioleta excessiva, que vem causando um crescimento alarmante nos casos de câncer de pele e de outras doenças. O aumento da radiação afeta árvores, colheitas e recifes de corais, além de causar a destruição do fitoplâncton do oceano – fonte de cerca da metade do oxigênio do planeta. Caso os oceanos morram, nós também morreremos. Ao mesmo tempo, o aumento da poluição e da população tem resultado em chuva ácida, erosão do solo, assoreamento de vias navegáveis, contração de pastos, desaparecimento de fontes de água e de mangues, além da eliminação de milhares de espécies, com centenas de outras na lista de espécies ameaçadas de extinção.[85]

Em 1970, naquilo que foi chamado de "Dia do Meio Ambiente", o presidente Richard Nixon disse: "Que criatura estranha é o homem, que polui seu próprio ninho". Com essa declaração, Nixon ajudava a propagar o mito de que a crise ecológica que enfrentamos é uma questão de comportamento individual irracional, em vez de ser algo de magnitude social. Na verdade, o problema não é de escolha individual, mas do sistema que se impõe sobre as pessoas e antecipa suas escolhas. Por trás da crise ecológica, está a realidade do poder e do interesse de classe.

Um capitalismo em constante expansão e uma ecologia frágil e finita estão em rota de colisão catastrófica. Não é verdade que os interesses político-econômicos dominantes estejam em um estado de negação sobre isso. Muito pior que a negação, eles estão em um estado de profundo antagonismo em relação àqueles que pensam que o planeta é mais importante do que lucros empresariais. Por isso, eles difamam ambientalistas como "ecoterroristas", "gestapo da Agência de Proteção Ambiental", "alarmistas do Dia da Terra", "sodomitas de árvores" e futriqueiros da "histeria verde" e da "charlatanice liberal".

Alguns ativistas ambientais neste país têm sido objeto de ataques terroristas conduzidos por agressores desconhecidos, com a tolerância tácita das autoridades policiais.[86] Autocratas em

---

[85] Colocar um fim na explosão populacional não irá por si só salvar a ecosfera, mas não a interromper irá ampliar enormemente os perigos enfrentados pelo planeta. O meio ambiente só pode sustentar um nível de vida de qualidade para um número determinado de pessoas.

[86] Para oferecer um exemplo: o FBI foi rápido em efetuar a prisão dos ambientalistas Judi Bari e Darryl Cherney, quando eles ficaram gravemente feridos na explosão de um carro-bomba em 1990. Eles prenderam Bari e Cherney, chamando-os de "ativistas radicais", com a acusação de que a bomba devia pertencer a eles mesmos. Ambos

países como a Nigéria, em conluio com as empresas de petróleo poluidoras, têm travado uma guerra brutal contra ambientalistas, chegando até a enforcar o líder popular Ken Saro Wiwa. Em anos recentes, conservadores dentro e fora do Congresso dos Estados Unidos, alimentados por lobistas empresariais, apoiaram medidas que iriam (1) impedir a Agência de Proteção Ambiental de manter poluição tóxica fora de lagos e portos; (2) eliminar a maior parte da área de mangues que seria separada para uma reserva; (3) desregular completamente a produção de clorofluorocarbonetos que destroem a camada de ozônio; (4) praticamente eliminar os padrões de água e ar limpos; (5) abrir o refúgio ártico de vida selvagem intocada no Alaska para perfuração de petróleo e gás; (6) retirar o financiamento de esforços para manter o esgoto sem tratamento fora de rios e longe das praias; (7) privatizar e abrir parques nacionais para empreendimentos comerciais; (8) transferir as poucas florestas originais remanescentes para o corte irrestrito; e (9) repelir a Lei de Espécies Ameaçadas. Em suma, sua intenção abertamente declarada tem sido eliminar todas as nossas – ainda que inadequadas – proteções ambientais.

Os conservadores sustentam que não há uma crise ambiental. Avanços tecnológicos continuarão a melhorar a vida para cada vez mais pessoas.[87] Podemos nos perguntar o motivo pelo qual

---

haviam sido defensores francos da não violência. As acusações acabaram sendo retiradas por falta de provas (a bomba havia sido plantada debaixo do banco do motorista). O FBI não indicou nenhum outro suspeito e não fez nenhuma investigação real sobre o ataque.

[87] Uma capa na *Forbes* (14 ago. 1995) ridiculariza a "indústria do medo com a saúde" e tranquiliza os leitores de que alimentos altamente processados, cheios de gordura e tratados com muitos produtos químicos são perfeitamente seguros para a saúde das pessoas. Os proprietários e anunciantes empresariais da revista estão cientes de que, se as pessoas começarem a questionar os produtos oferecidos

os ricos e poderosos adotam essa rota antiambiental aparentemente suicida. Eles podem destruir a Previdência social, a habitação e educação públicas, o transporte público, a segurança social, o Medicare e o Medicaid com impunidade, já que eles mesmos e seus filhos não serão prejudicados, uma vez que dispõem de meios mais do que suficientes de obter serviços privados para si. Mas o meio ambiente é outra história. Conservadores ricos e seus lobistas empresariais habitam o mesmo planeta poluído que todos os demais, comem os mesmos alimentos tratados com produtos químicos e respiram o mesmo ar poluído.

Na verdade, eles não vivem exatamente como todas as outras pessoas. Eles vivenciam uma realidade de classe diferente, morando em lugares onde o ar é, de certa forma, melhor do que nas áreas de renda baixa ou média. Eles têm acesso a alimentos orgânicos que são especialmente preparados. As vias expressas e os aterros tóxicos do país normalmente não estão situados em seus bairros exclusivos ou em suas proximidades. Os jatos de pesticidas não são lançados sobre suas árvores e jardins. O desmatamento não destrói suas fazendas, propriedades e locais de férias. Mesmo quando eles ou seus filhos sucumbem a uma doença terrível, como o câncer, eles não vinculam a tragédia a fatores ambientais – embora cientistas agora acreditem que a maioria dos cânceres se originem em consequência de ações humanas. Eles negam que haja um problema maior porque eles mesmos criam esse problema e devem muito de sua riqueza a ele.

Mas como eles podem negar a ameaça de um apocalipse ambiental, causado pela destruição da camada de ozônio, pelo aquecimento global, desaparecimento do solo arável e oceanos moribundos? As elites dominantes querem ver a vida na Terra, inclusive a deles mesmos, destruída? No longo prazo, eles real-

---

pelo sistema empresarial, elas poderão terminar questionando o próprio sistema. Não é sem motivo que a *Forbes* se descreve como "uma ferramenta capitalista".

mente serão vítimas de suas próprias políticas, assim como todas as outras pessoas. Contudo, como todos nós, eles não vivem no longo prazo, mas no aqui e no agora. Para os interesses dominantes, o que está em jogo é algo de preocupação mais imediata e maior do que a ecologia global: trata-se da acumulação global de capital. O destino da biosfera é uma abstração quando comparado ao destino dos investimentos dessas pessoas.

Além disso, a poluição é vantajosa, enquanto a ecologia é cara. Cada dólar que uma empresa precisa pagar em proteção ambiental representa um dólar a menos em rendimentos. É mais lucrativo tratar o ambiente como um tanque séptico, jogando milhares de novos produtos químicos nocivos na atmosfera todos os anos, despejando efluentes industriais sem tratamento nos rios ou nas baías, transformando vias navegáveis em esgotos a céu aberto. O benefício de longo prazo de preservar um rio que passa ao longo de uma comunidade (onde os poluidores empresariais não vivem, de qualquer modo) não tem tanto peso quanto o ganho imediato que vem dos modos de produção ecologicamente dispendiosos.

Sistemas de energia solar, eólica e de marés poderiam ajudar a evitar desastres ecológicos, mas trariam desastre para os ricos carteis do petróleo. Seis dos dez principais conglomerados industriais do mundo estão envolvidos principalmente na produção de petróleo, gasolina e veículos motores. A poluição de combustíveis fósseis significa bilhões em lucros. Formas de produção ambientalmente sustentáveis ameaçam esses lucros.

Ganhos imensos e iminentes para um indivíduo são uma consideração muito mais convincente do que uma perda difusa compartilhada pelo público geral. O custo de transformar uma floresta em um deserto pesa pouco diante dos lucros de extração da madeira.

Esse conflito entre ganhos privados iminentes, por um lado, e o benefício público remoto, por outro, funciona até mesmo em termos do consumidor individual. Assim, não é do interesse de longo prazo de ninguém utilizar um veículo motorizado, que contribui mais para a devastação ambiental do que qualquer outro item de consumo simples. Mas temos uma necessidade imediata por transporte, a fim de irmos ao trabalho ou fazermos qualquer outra coisa que precise ser feita. Por isso, a maioria de nós não tem escolha, exceto possuir e usar um automóvel.

A "cultura do carro" demonstra como a crise ecológica não é principalmente uma questão individual, do homem poluindo seu próprio ninho. Na maioria dos casos, a "escolha" de usar um carro não é sequer uma escolha. O transporte de massa usando meios de transportes elétricos ecologicamente eficientes e menos custosos tem sido deliberadamente destruído desde a década de 1930 em campanhas conduzidas por todo o país pelas indústrias automotiva, do petróleo e dos pneus. As empresas envolvidas no transporte colocam os "Estados Unidos sobre rodas", a fim de maximizar os custos do consumo para o público e os lucros para eles mesmos, e dane-se o meio ambiente ou qualquer outra coisa.

Os enormes interesses de corporações transnacionais gigantes suplantam as previsões de derrotistas sobre uma crise ecológica. Cabeças empresariais sóbrias recusam-se a participar da "histeria" sobre o meio ambiente, preferindo aumentar discretamente suas fortunas. Além disso, é sempre possível encontrar alguns especialistas que irão de encontro a toda a evidência e dirão que ainda não há um consenso, que não há prova conclusiva que apoie os alarmistas. Prova conclusiva, nesse caso, existirá apenas quando atingirmos o ponto de não retorno.

A ecologia é profundamente subversiva para o capitalismo. Ela precisa de produção ambientalmente sustentável e planejada, em vez daquela do tipo voraz e sem regulamentação. Ela requer um consumo econômico, em vez de um consumismo artificialmente estimulado e em constante expansão. Ela pede por sistemas de energia naturais e de baixo custo, em vez de sistemas poluentes lucrativos e de alto custo. As implicações ambientais para o capitalismo são muito horríveis para serem contempladas pelo capitalista.

Aqueles nos círculos mais altos, que anteriormente contrataram Camisas Negras para destruir a democracia por medo de que seus interesses de classe fossem ameaçados, não veem problema em fazer o mesmo contra "ecoterroristas". Aqueles que têm travado uma guerra implacável contra a esquerda radical não têm problema em travar uma guerra contra os "verdes". Aqueles que nos flagelam com salários de miséria, exploração, desemprego, falta de moradia, decadência urbana e outras condições econômicas opressoras não estão muito preocupados em nos uma crise ecológica. Os plutocratas estão mais vinculados a sua riqueza do que ao planeta no qual vivem, mais preocupados com o destino de suas fortunas do que com o destino da Terra.[88]

A luta ambiental faz parte da própria luta de classes, fato que parece ter escapado a muitos ambientalistas. O ecoapocalipse iminente é uma iniciativa de classe. Ela foi criada por e para o benefício de poucos, à custa de muitos. O problema é que, desta vez, essa iniciativa de classe poderá nos destruir a todos, de uma vez por todas e para sempre.

Na relação entre riqueza e poder, o que está em jogo não é apenas a justiça econômica, mas a própria democracia e a sobrevivência da biosfera. Infelizmente, não é provável que a luta pela democracia e pelo saneamento ambiental venha a ser promovida por teóricos do ABC cheios de jargões da moda, que tratam classe como um conceito ultrapassado e que parecem

---

[88] Em junho de 1996, falando em uma conferência das Nações Unidas em Istambul, Turquia, Fidel Castro observou: "Aqueles que quase destruíram o planeta e envenenaram o ar, os mares, os rios e a terra são aqueles que estão menos interessados em salvar a humanidade".

prontos a considerar tudo, menos as realidades do poder capitalista. Nisso, eles quase não diferem da ideologia dominante à qual eles professam se opor. São eles que precisam retornar para este planeta.

A única força de oposição que poderá finalmente virar as coisas em uma direção melhor é uma cidadania informada e mobilizada. Quaisquer que sejam suas limitações, as pessoas são a nossa melhor esperança. De fato, nós somos elas. Quer os círculos dominantes ainda vistam camisas negras ou não, e quer seus oponentes pertençam à esquerda radical ou não, *la lotta continua*, a luta continua, hoje, amanhã e por toda a história.

SOBRE O AUTOR

MICHAEL PARENTI é considerado um dos principais pensadores progressistas dos Estados Unidos, tendo obtido seu doutorado em ciências políticas pela Universidade de Yale em 1962 e lecionado em várias faculdades e universidades. Seus textos foram publicados em jornais acadêmicos, periódicos populares e jornais, e foram traduzidos para o espanhol, chinês, polonês, português, japonês e turco.

Parenti faz palestras por todo o país em campi universitários e para comunidades, grupos religiosos, de trabalhadores, de pacifistas e de interesse público. Ele tem sido entrevistado em programas no rádio e na televisão, nos quais discute temas correntes ou ideias apresentadas em seus trabalhos publicados. Gravações de suas apresentações têm sido reproduzidas em inúmeras estações de rádio para públicos entusiasmados. Gravações de áudio e vídeo de suas palestras são vendidas sem fins lucrativos. Para obter uma lista, entre em contato com a People's Video, Caixa Postal 99514, Seattle (Washington) 98199; tel.: +1 (206) 789-5371. Parenti mora em Berkeley, na Califórnia.

Leia Também

O Método Jacarta: a cruzada anticomunista e o programa de assassinatos em massa que moldou o nosso mundo
Vincent Bevins

Em 1965, o governo dos Estados Unidos ajudou o Exército indonésio a matar aproximadamente um milhão de civis inocentes – eliminando o maior partido comunista fora da China e da União Soviética e inspirando outros programas de terror semelhantes na Ásia, África e América Latina. Nesta ousada e apreensiva história, Vincent Bevins extrai de documentos sigilosos recém desclassificados, pesquisas de arquivo e depoimentos de testemunhas oculares uma revelação chocante que atinge o mundo todo – inclusive o Brasil. Por décadas, acreditou-se que o mundo em desenvolvimento se moveu pacificamente para o sistema capitalista liderado pelos Estados Unidos. O Método Jacarta demonstra que o brutal extermínio de militantes de esquerda não armados foi fundamental para o triunfo final de Washington na Guerra Fria.

"Hipnotizante. O Método Jacarta enfrenta pontos polêmicos de modo persuasivo e bem embasado, mas o livro realmente desponta como obra de jornalismo investigativo, narrando a história da violenta intromissão dos EUA no sudeste asiático e na América Latina, por meio dos relatos de quem foi afetado por ela."
– *Jacobin*

Primeiro eles tomaram Roma: como a extrema direita conquistou a Itália após a operação Mãos Limpas
David Broder

Por que a Itália se tornou um desastre político? Há pouca explicação detalhando por que deu tudo errado na Itália nas últimas três décadas. O crescimento econômico estagnou, a infraestrutura desmoronou e os jovens desempregados não têm mais futuro. Esses problemas são reflexos da política que dominou o país, dos escândalos de Silvio Berlusconi à ascensão da extrema direita.

Muitos comentaristas culpam o mal-estar da Itália por males culturais – apontando para a corrupção da vida pública ou um atraso supostamente endêmico. Nessa leitura, a Itália não convergiu com as reformas neoliberais montadas por outros países europeus, ficando atrás do resto do mundo.

Primeiro eles tomaram Roma oferece uma perspectiva diferente: a Itália não está deixando de acompanhar seus pares internacionais, mas está mais adiantada no mesmo caminho de declínio neoliberal que os demais países estão seguindo. Na década de 1980, a Itália ostentava o Partido Comunista mais forte do Ocidente; hoje, a solidariedade social está em colapso, os trabalhadores sentem-se cada vez mais atomizados e as instituições democráticas tornam-se cada vez mais obsoletas.

Estudando a ascensão de forças como o Lega de Matteo Salvini, este livro mostra como a extrema direita se valeu de uma fraudulenta operação judicial e um poço profundo de desespero social, ignorado pelo centro liberal. A história recente da Itália é um aviso do futuro – e o colapso da vida pública corre o risco de se espalhar por todo Ocidente.

Realismo Capitalista
Mark Fisher

Após 1989, o capitalismo se apresentou com sucesso como o único sistema político-econômico aparentemente viável no mundo – uma situação que só começou a ser questionada para fora dos círculos mais duros da esquerda a partir da crise bancária de 2008, quando começa-se a entender a urgência de se desmontar a ideia de que "não existe alternativa". Este livro, escrito pelo filósofo e crítico cultural britânico Mark Fisher, desnuda o desenvolvimento e as principais características do "realismo capitalista", conceito que delineia a estrutura ideológica em que estamos vivendo. Usando exemplos de política, filmes, ficção, trabalho e educação, argumenta que o "realismo capitalista" captura todas as áreas da experiência contemporânea. Mas também mostra que, devido a uma série de inconsistências e falhas internas ao programa de realidade do Capital, o capitalismo é, de fato, tudo — menos realista.

"Vamos direto ao ponto: o livro de Fisher é simplesmente o melhor diagnóstico do dilema que vivemos! Por meio de exemplos da vida cotidiana e da cultura pop, mas sem sacrificar o rigor teórico, ele nos fornece um retrato implacável de nossa miséria ideológica. Embora tenha escrito a partir de uma perspectiva radicalmente esquerdista, Fisher não oferece soluções fáceis. O realismo capitalista é um chamado para um trabalho teórico e político que requer paciência."
Slavoj Žižek

Bandeira Negra: rediscutindo o anarquismo
Felipe Corrêa

Este livro (re)discute teoricamente o anarquismo, a partir de um conjunto amplo de autores e episódios. Constatando a problemática teórica e histórica dos livros de referência do tema, Corrêa realiza uma "volta aos princípios", escrevendo um novo e inovador O que é o Anarquismo. Além de discutir criticamente a bibliografia vigente, ele conceitua o anarquismo por meio de um método mais adequado, baseado em anarquistas clássicos e contemporâneos dos cinco continentes, reelabora a discussão sobre as correntes, apontando os principais debates ocorridos entre os anarquistas, e reflete sobre o surgimento, a extensão e seu impacto histórico. Trata-se de uma referência obrigatória para os estudos deste assunto.

"Bandeira Negra é uma releitura – teoricamente rica, meticulosamente pesquisada e feita de baixo para cima – das ideias e práticas anarquistas. Amplo em escopo e preciso na argumentação, o livro de Corrêa estabelece um novo padrão para os estudos históricos do anarquismo."
– Mark Bray, historiador e autor de Antifa: o manual antifascista

"Bandeira Negra apresenta uma pesquisa séria, historicamente fundamentada e teoricamente perspicaz da ampla tradição anarquista."
– Lucien van der Walt, sociólogo e historiador sul-africano.

Este livro foi composto em Neue Haas Grotesk e
Minion Pro.